Impressum
Verlag: BABADADA GmbH, Nedderfeld 112 , 22529 Hamburg
Geschäftsführer / Verlagsleitung: Harald Hof
Druck: Books on Demand GmbH, In de Tarpen 42, 22848 Norderstedt

Imprint
Publisher: BABADADA GmbH, Nedderfeld 112 , 22529 Hamburg, Germany
Managing Director / Publishing direction: Harald Hof
Print: Books on Demand GmbH, In de Tarpen 42, 22848 Norderstedt

escola

d Schuel

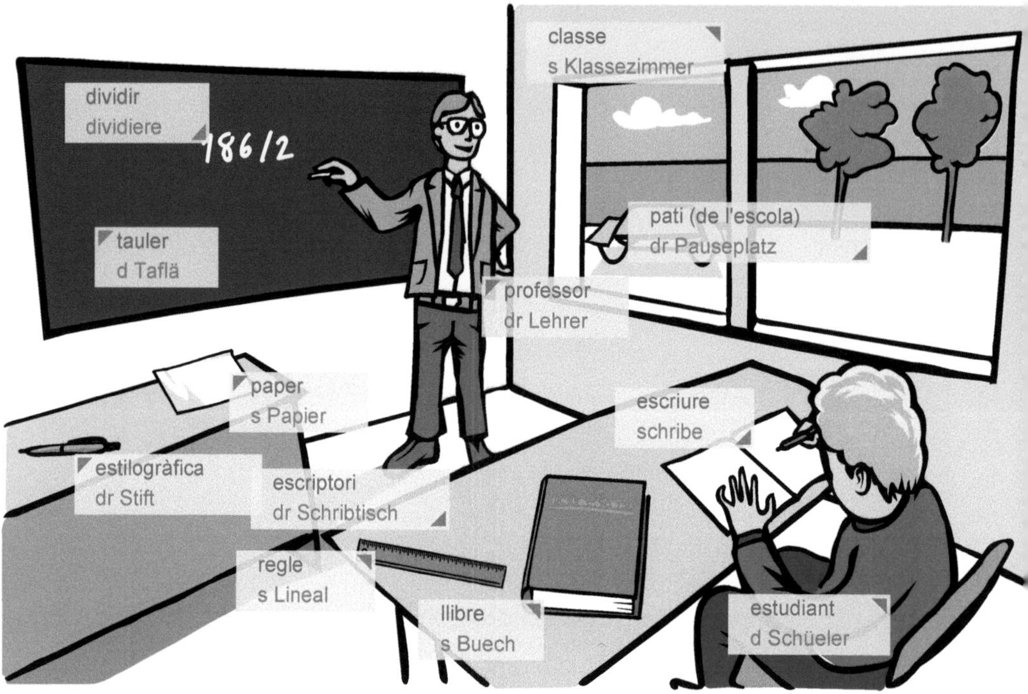
classe
s Klassezimmer
dividir
dividiere
186/2
tauler
d Taflä
pati (de l'escola)
dr Pauseplatz
professor
dr Lehrer
paper
s Papier
escriure
schribe
estilogràfica
dr Stift
escriptori
dr Schribtisch
regle
s Lineal
llibre
s Buech
estudiant
d Schüeler

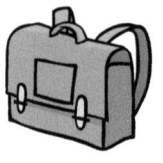

bossa

dr Thek

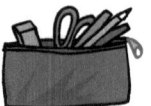

estoig

s Etui

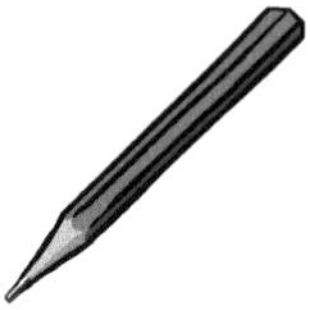

llapis

dr Bleistift

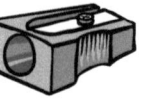

maquineta de fer punta

dr Spitzer

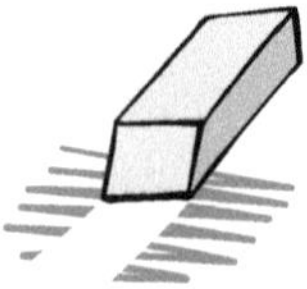

goma

s Radiergummi

bloc de dibuix

dr Zeicheblock

dibuix

d Zeichnig

pinzell

dr Pinsel

capsa de pintures

dr Malchaschte

tisores

d Schär

cola

dr Liim

quadern d'exercicis

s Üebigsheft

deures

d Huusufgabe

nombre

d Zahl

afegir

addiere

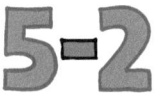

sostreure

subtrahiere

multiplicar

multipliziere

calcular

rächne

lletra

dr Buechstabe

alfabet

s Alphabet

mot

s Wort

text
....
dr Text

llegir
....
läse

guix
....
d Kriide

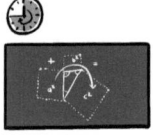

lliçó
....
d Lektion

llibre de classe
....
s Klassäbuech

examen
....
d Prüefig

certificat
....
s Zügnis

uniforme escolar
....
d Schueluniform

formació
....
d Usbildig

enciclopèdia
....
d Enzyklopädie

universitat
....
d Universität

microscopi
....
s Mikroskop

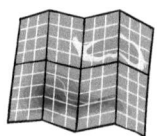

mapa
....
d Charte

paperera
....
dr Papierchorb

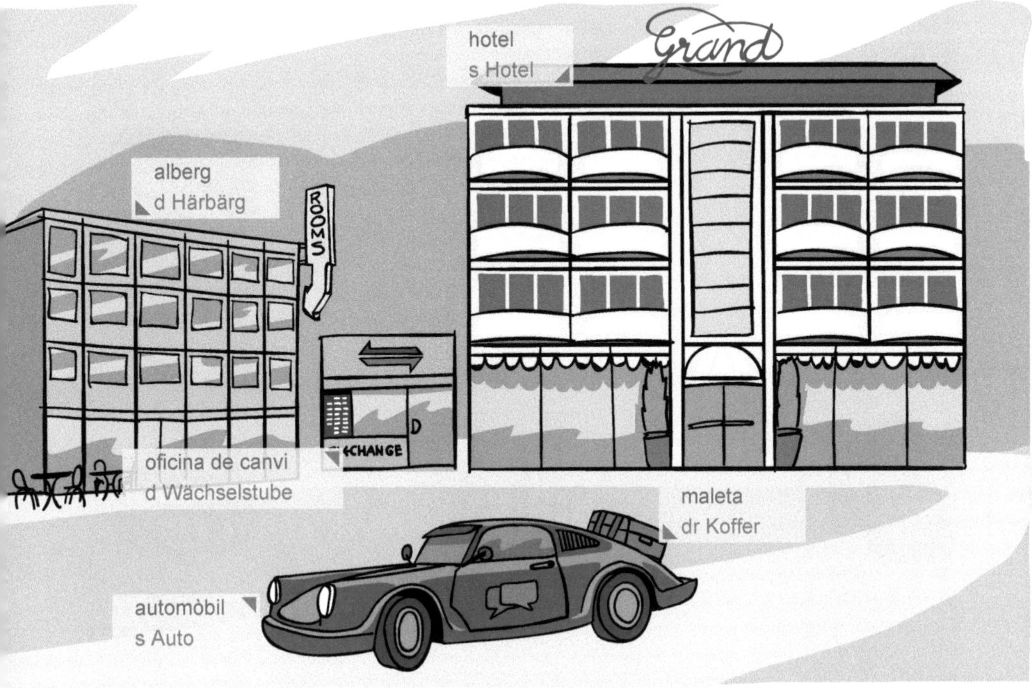

Grand
hotel
s Hotel
alberg
d Härbärg
ROOMS
oficina de canvi
d Wächselstube
maleta
dr Koffer
automòbil
s Auto

llengua
d Sprach

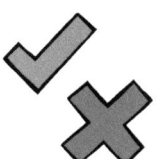

sí / no
jo / nei

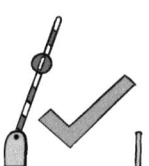

D'acord
okay

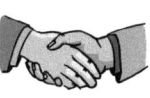

Ey!
Hallo

traductora
dr Dolmetscher

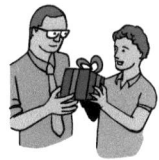

gràcies
Dankä

Quant costa... ?

Was chostet...?

No entenc

Ich vrstahs nöd

problema

s Problem

Bona nit!

Guete Abig!

bon dia!

guete Morgä!

bona nit!

guete Abig!

fins aviat

Uf Wiederseh

direcció

d Richtig

bagatge

s Bagaasch

bossa

d Täsche

sarrona

dr Rucksack

convidat

dr Gast

cambra

dr Ruum

sac de dormir

dr Schlafsack

tenda

s Zält

oficina de turisme

d Touristeninformation

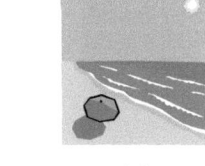

platja

dr Strand

carta de crèdit

d Kreditkarte

esmorzar

s Zmorge

dinar

s Zmittag

sopar

s Znacht

bitllet

s Billet

ascensor

dr Ufzug

segell

d Briefmarke

frontera

d Gränze

duana

dr Zoll

ambaixada

d Botschaft

visat

s Visum

passaport

dr Pass

transport

dr Transport

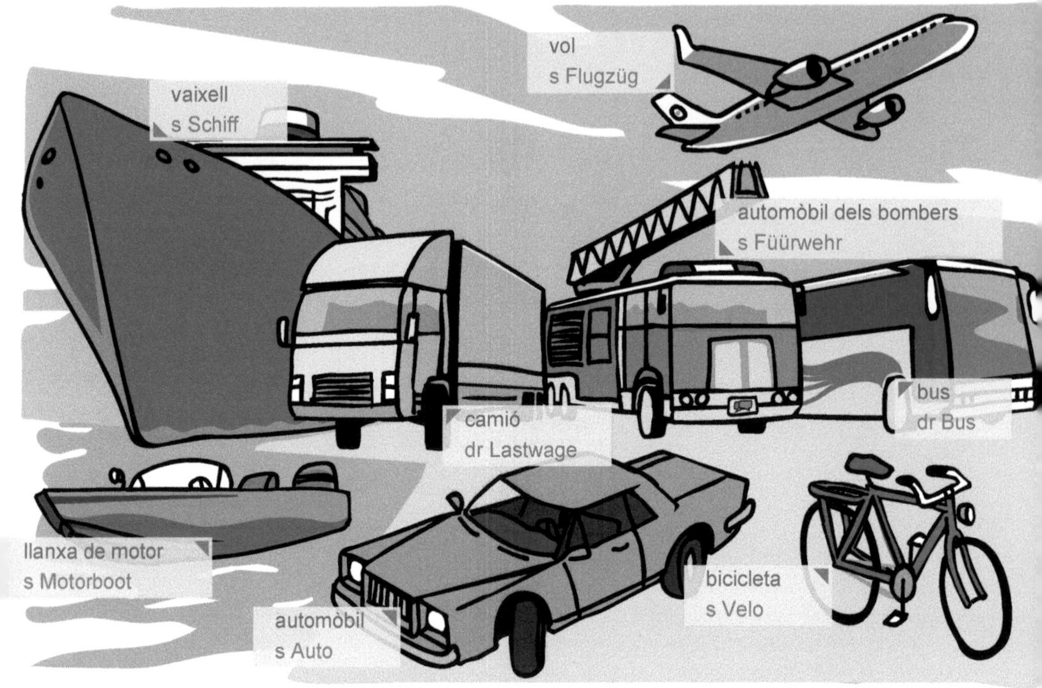
vol
s Flugzüg
vaixell
s Schiff
automòbil dels bombers
s Füürwehr
bus
dr Bus
camió
dr Lastwage
llanxa de motor
s Motorboot
bicicleta
s Velo
automòbil
s Auto

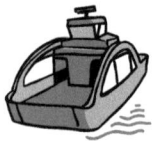

transbordador

d Fähri

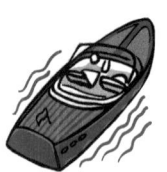

barca

s Boot

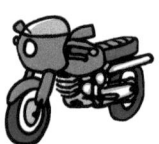

moto

s Töff

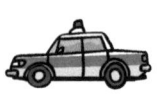

automòbil de policia

s Polizeiauto

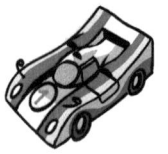

automòbil de curses

s Rännauto

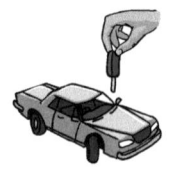

automòbil de lloguer

dr Mietwage

vehicle compartit

s Carsharing

grua

dr Abschleppwage

camió de les escombraries

dr Chübelwage

motor

dr Motor

benzina

s Benzin

benzineria

d Tankstell

senyal de trànsit

s Verkehrsschild

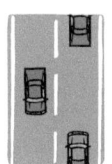

trànsit

dr Verchehr

embús

dr Stau

aparcament

dr Parkplatz

estació de trens

dr Bahnhof

vies

d Schiene

tren

dr Zug

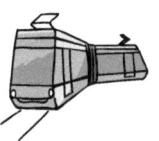

tramvia

d Strassebahn

vagó

dr Wagon

helicòpter

dr Helikopter

aeroport

dr Flughafe

torre

dr Tower

passatger

dr Passagier

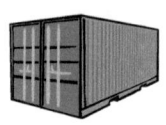

contenidor

dr Container

capsa de cartó

dr Karton

carretó

dr Chare

cistella

dr Korb

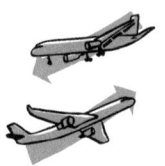

enlairar-se / aterrar

starte / lande

ciutat
d Stadt

poble

s Dorf

centre de la ciutat

s Stadtzentrum

casa

s Huus

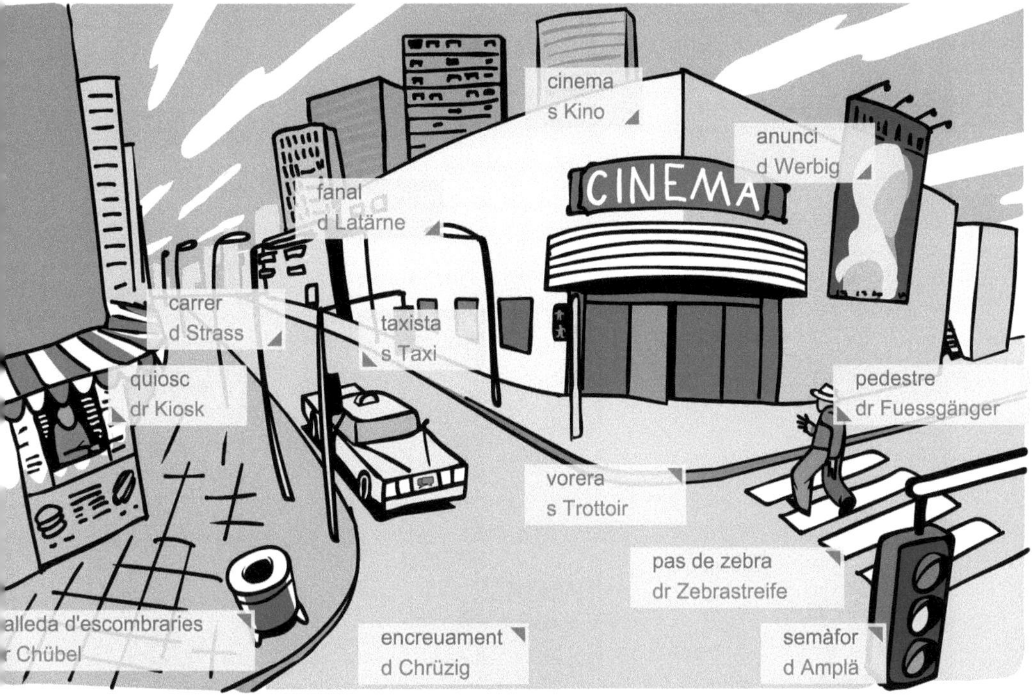

cinema
s Kino
anunci
d Werbig
CINEMA
fanal
d Latärne
carrer
d Strass
taxista
s Taxi
quiosc
dr Kiosk
pedestre
dr Fuessgänger
vorera
s Trottoir
pas de zebra
dr Zebrastreife
alleda d'escombraries
r Chübel
encreuament
d Chrüzig
semàfor
d Amplä

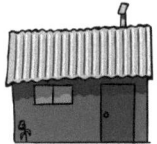

cabana

d Hütte

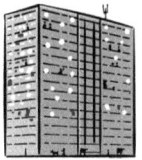

apartament

d Wohnig

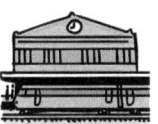

estació de trens

dr Bahnhof

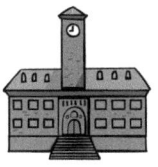

casa de la vila-ciutat

s Gmeindshuus

MUSEUM

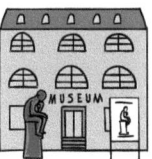

museu

s Museum

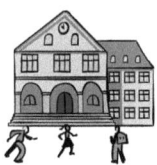

escola

d Schuel

universitat

d Universität

banca

d Bank

hospital

s Spital

hotel

s Hotel

farmàcia

d Apotheke

oficina

s Büro

llibreria

s Buechgschäft

botiga

s Gschäft

floristeria

dr Bluemelade

supermercat

dr Läbensmittellade

mercat

dr Märt

gran magatzem

s Chaufhuus

peixateria

dr Fischhändler

centre comercial

s Iihkaufszentrum

port

dr Hafe

parc
dr Park

banc
d Bank

pont
d Brugg

escala
d Stäge

metro
d U-Bahn

túnel
dr Tunnell

parada d'autobús
d Bushaltestell

bar
d Bar

restaurant
s Restaurant

bústia de correu
dr Briefchastä

senyal indicador
s Strasseschild

parquímetre
d Parkuhr

zoo
dr Zolli

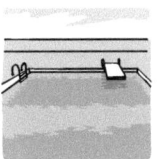

piscina
d Badi

mesquita
d Moschee

granja

dr Buurehof

pol·lució

d Umwältvrschmutzig

cementiri

dr Fridhof

església

d Chile

parc infantil

dr Spielplatz

temple

dr Tämpel

paisatge
d Landschaft

fulla
s Blatt

cartell indicador
dr Wägwiiser

camí
dr Wäg

prat
d Wise

pedra
dr Stei

arbre
dr Baum

excursionista
dr Wanderer

riu
dr Fluss

gespa
s Gras

flor
d Bluamä

vall
....
s Tal

muntanya
....
dr Bärg

llac
....
dr See

bosc
....
dr Wald

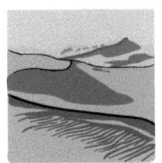

desert
....
d Wüeschti

volcà
....
dr Vulkan

castell
....
s Schloss

arc de Sant Martí
....
dr Rägeboge

bolet
....
dr Pilz

palmera
....
d Palme

moscard
....
dr Moskito

mosca
....
d Fliege

formiga
....
d Ameise

abella
....
s Biendli

aranya
....
d Spinne

escarabat

dr Chäfer

granota

dr Frosch

esquirol

s Eichhörnli

eriçó

dr Igel

llebre

dr Haas

òliba

d Üle

ocell

d Vogu

cigne

dr Schwan

senglar

s Wildschwein

cervo

dr Hirsch

ant

dr Elch

presa

dr Damm

turbina

d Windturbine

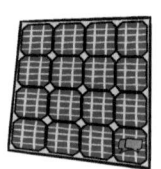

panell solar

dr Sunnekollektor

clima

s Klima

restaurant

s Restaurant

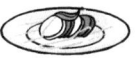

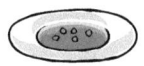

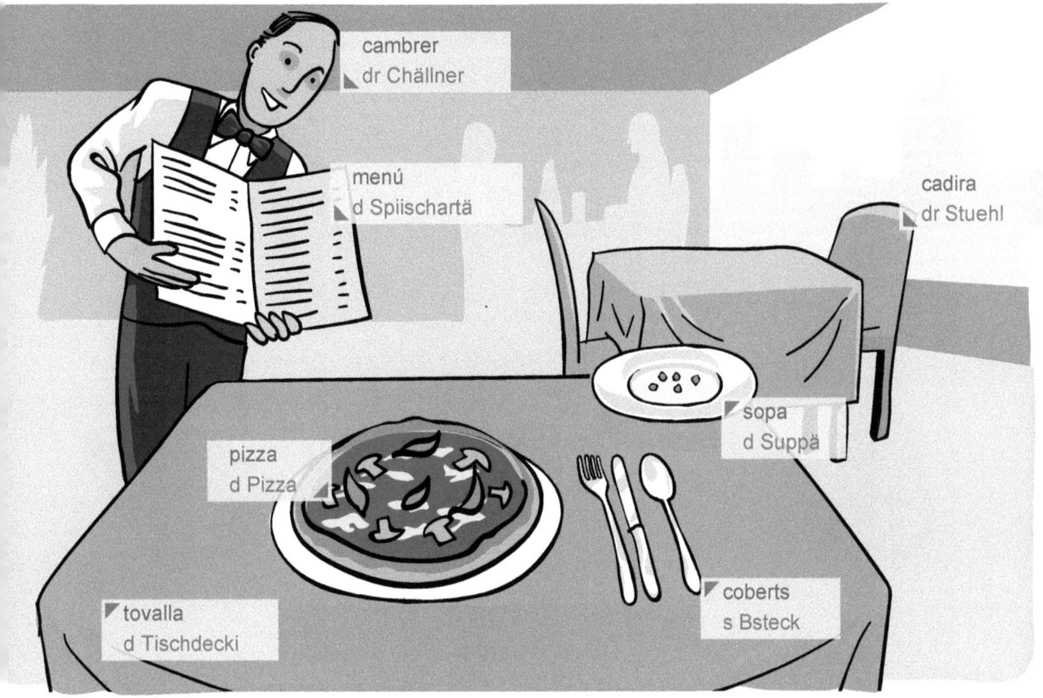

cambrer
dr Chällner
menú
d Spiischartä
cadira
dr Stuehl
sopa
d Suppä
pizza
d Pizza
coberts
s Bsteck
tovalla
d Tischdecki

primer plat

d Vorspiies

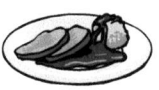

plat principal

s Hauptgricht

darreries

s Dessert

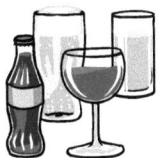

begudes

s Getränk

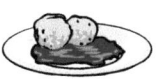

menjar

d Läbensmittel

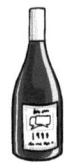

ampolla

d Fläsche

menjar ràpid

s Fast Food

menjar de carrer

s Street Food

tetera

d Teechanne

sucrer

d Zuckerdosä

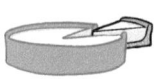

porció

d Portion

màquina d'espresso

d Espressomaschine

trona

dr Hochstuehl

factura

d Rächnig

plata

s Tablett

ganivet

s Mässer

forqueta

d Gable

cullera

dr Löffel

cullereta

dr Teelöffel

tovalló

d Serviette

got

s Glas

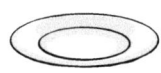

plat
dr Täller

plat de sopa
dr Suppetällär

plateret
d Untertasse

salsa
d Sose

saler
dr Salzstreuer

molinet de pebre
d Pfäffermühli

vinagre
dr Essig

oli
s Öl

espècies
d Gwürz

quètxup
ds Ketchup

mostassa
dr Sänf

maionesa
d Mayonnaise

oferta especial
s Ahgebot

client
dr Chund

productes lactis
d Milchprodukt

fruites
d Frücht

carret de la compra
dr lichaufswage

FOR

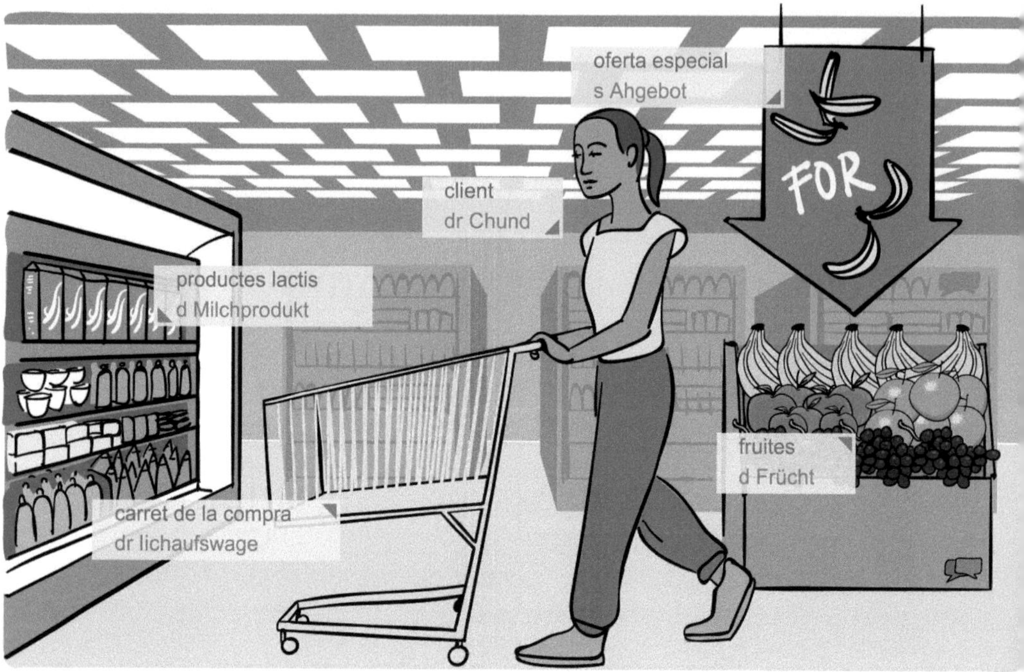

carnisseria dr Schlachter	forn de pa dr Beck	pesar wiege
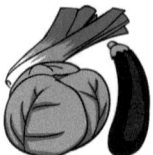verdures s Gmües	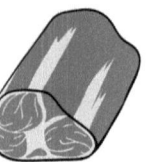carn s Fleisch	menjar congelat d Tiefkühlprodukt

carn freda

dr Ufschnitt

conserves

d Konsärve

detergent en pols

s Wöschmittel

dolços

d Süessigkeite

articles domèstics

d Huushaltartikel

productes de neteja

s Putzmittel

venedora

d Verchäuferin

caixa registradora

d Kassä

caixera

dr Kassierer

llista de la compra

d Ihchaufsliste

horari d'obertura

d Öffnigszite

portamonedes

s Portemonnaie

carta de crèdit

d Kreditkarte

bossa

d Täsche

bossa de plàstic

dr Plastiksack

aigua

s Wasser

suc

dr Saft

llet

d Milch

coca-cola

d Cola

vi

dr Wii

cervesa

s Bier

alcohol

dr Alkohol

cacau

s Ovi

te

dr Tee

cafè

dr Kafi

espresso

dr Espresso

cappuccino

dr Cappuccino

banana

d Banane

poma

dr Öpfel

taronja

d Orange

síndria

d Melone

llimona

d Zitrone

pastanaga

s Rüebli

all

dr chnoobli

bambú

dr Bambus

ceba

d Zwiblä

bolet

dr Pilz

avellanes

d Nüss

fideus

d Nudle

espaguetis

d Spaghetti

arròs

dr Riis

amanida

dr Salat

patates fregides

d Pommfrit

patates fregides

d Bratherdöpfel

pizza

d Pizza

hamburguesa

dr Hamburgär

entrepà

s Sandwich

escalopa

s Gotlett

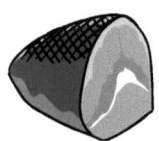

cuixot

dr Schinkä

salami

d Salami

salsitxa

s Würschtli

pollastre

s Huehn

rostit

dr Bratä

peix

dr Fisch

menjar - d Läbensmittel

flocs de civada

d Haferflocke

musli

s Müesli

cereals

d Cornflakes

farina

s Mähl

croissant

s Gipfeli

panet

s Brötli

pa

s Brot

torrada

dr Toscht

bescuits

s Guetzli

mantega

d Butter

mató

dr Quark

pastís

dr Chueche

ou

s Ei

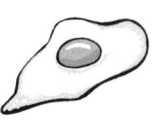

ou fregit

s Spiegelei

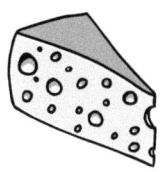

formatge

dr Chäs

gelat

d Glace

sucre

dr Zucker

mel

dr Honig

melmelada

d Gonfi

crema de xocolata

d Nougat-Creme

curri

s Curry

granja
dr Buurehof

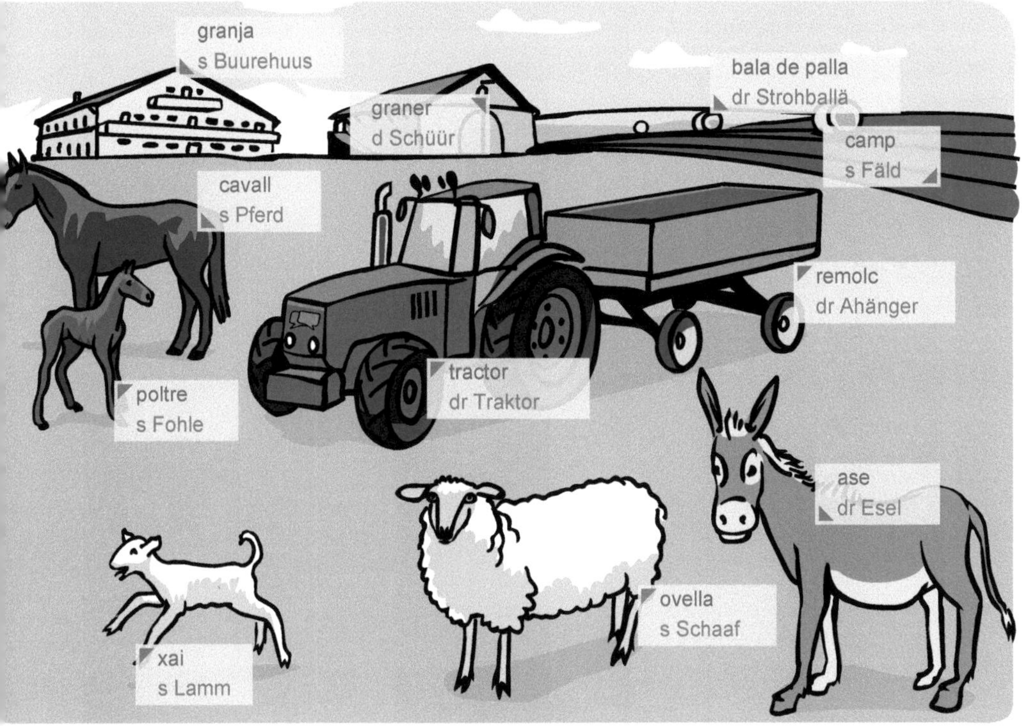
granja
s Buurehuus
graner
d Schüür
bala de palla
dr Strohballä
camp
s Fäld
cavall
s Pferd
remolc
dr Ahänger
tractor
dr Traktor
poltre
s Fohle
ase
dr Esel
ovella
s Schaaf
xai
s Lamm

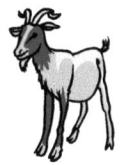

cabra
d Geiss

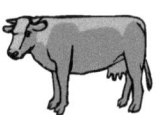

vaca
d Chueh

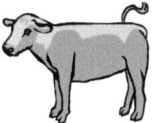

vedella
s Chalb

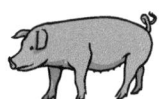

porc
d Sau

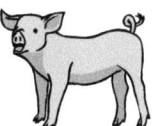

garrí
s Ferkel

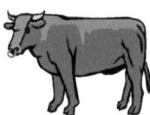

bou
s Rind

oca

d Gans

ànec

d Änte

poll

s Küke

gall

s Huähn

gallina

dr Güggel

rata

d Ratte

gat

d Chatz

ratolí

d Muus

bou

dr Ochse

gos

dr Hund

gossera

d Hundehütte

mànega de regar

dr Garteschluuch

regadora

d Giesschanne

dalla

d Sägese

arada

dr Pflueg

falç
d Sichel

aixada
d Hacke

forca
d Heugable

destral
d Axt

carretó
d Garette

abeurador
dr Trog

lletera
d Milchchanne

sac
dr Sack

tanca
dr Haag

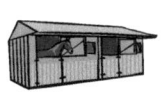

establa
dr Gadä

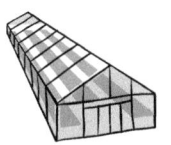

hivernacle
s Gwächshuus

sòl
dr Bode

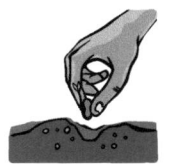

llavor
dr Soome

adob
dr Dünger

collidora
dr Mähdrescher

collir

ärnte

collita

d Ärnte

nyam

d Yamswurzle

blat

dr Weize

soja

s Soja

patata

dr Härdöpfel

blat de moro o d'indi

dr Mais

colza

dr Raps

arbre fruiter

dr Obstbaum

mandioca

dr Maniok

cereals

s Getreide

casa
s Huus

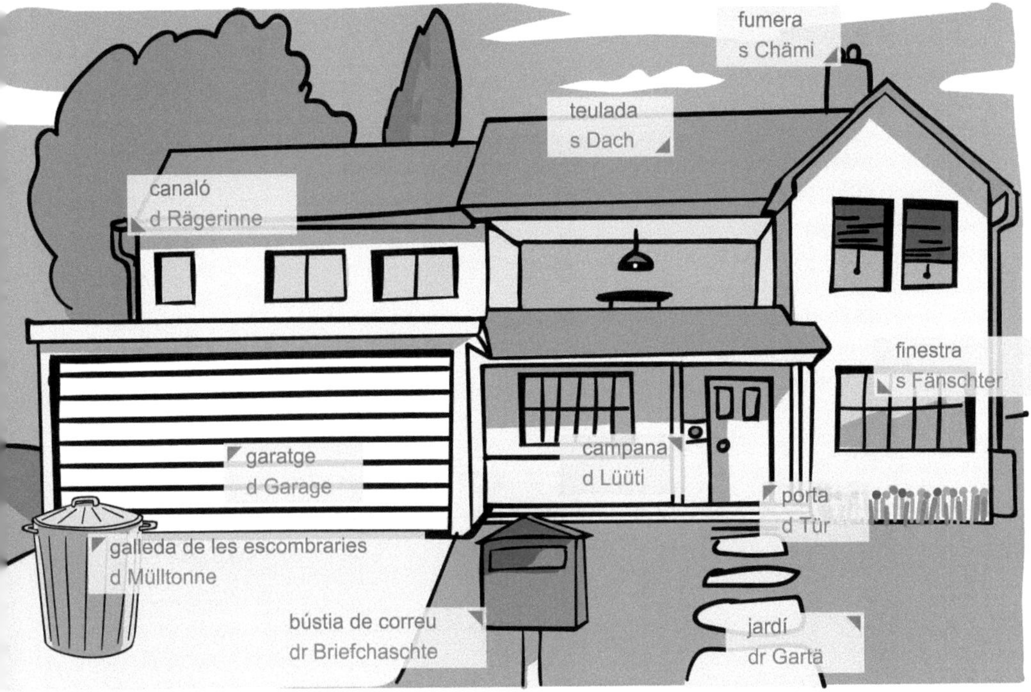

fumera
s Chämi
teulada
s Dach
canaló
d Rägerinne
finestra
s Fänschter
garatge
d Garage
campana
d Lüüti
porta
d Tür
galleda de les escombraries
d Mülltonne
bústia de correu
dr Briefchaschte
jardí
dr Gartä

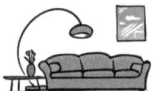

sala d'estar
....
s Stubä

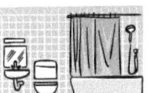

bany
....
s Badzimmer

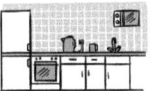

cuina
....
d Chuchi

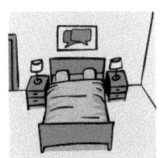

cambra de dormir
....
s Schlofzimmer

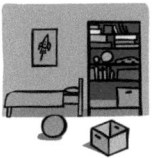

cambra de nen
....
s Chinderzimmer

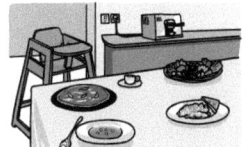

menjador
....
s Ässzimmer

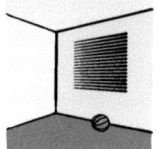

sòl
....
dr Bodä

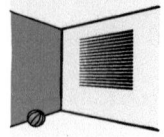

paret
....
d Wand

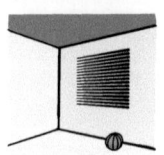

sostre
....
d Decki

soterrani
....
dr Chäller

sauna
....
d Sauna

balcó
....
dr Balkon

terrassa
....
d Terasse

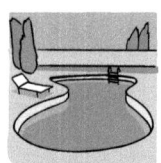

piscina
....
s Pool

tallagespa
....
dr Rasemäier

vànova
....
dr Bettbezug

cobrellit
....
d Bettdecki

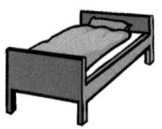

llit
....
s Bett

escombra
....
dr Bäse

galleda
....
dr Chübel

interruptor
....
dr Schalter

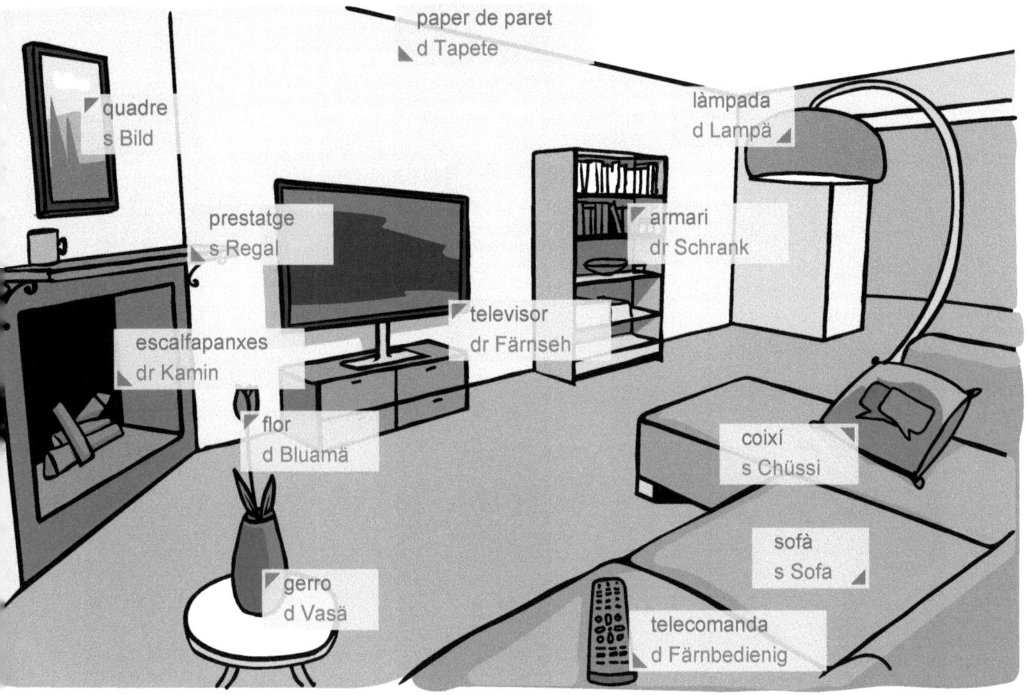

paper de paret
d Tapete

quadre
s Bild

làmpada
d Lampä

prestatge
s Regal

armari
dr Schrank

escalfapanxes
dr Kamin

televisor
dr Färnseh

flor
d Bluamä

coixí
s Chüssi

sofà
s Sofa

gerro
d Vasä

telecomanda
d Färnbedienig

catifa
dr Teppich

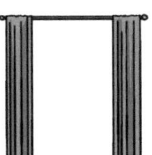

cortina
dr Vorhang

taula
dr Tisch

cadira
dr Stuehl

cadira gronxadora
dr Schaukelstuehl

cadiral
dr Sässel

llibre

s Buech

llençol

d Decki

decoració

d Dekoration

llenya

s Füürholz

film

dr Film

cadena de música

d Stereoahlag

clau

dr Schlüssel

diari

d Ziitig

pintura

s Bild

cartell

s Poster

ràdio

s Radio

bloc de notes

dr Notizblock

aspiradora

dr Staubsuuger

cactus

dr Kaktus

candela

d Chärze

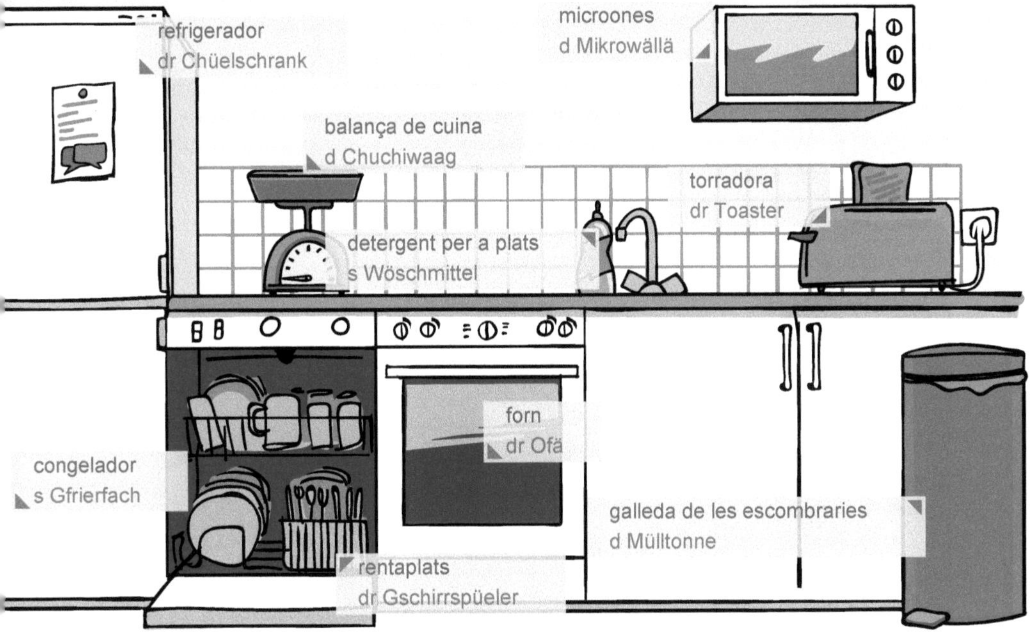

microones
d Mikrowällä

refrigerador
dr Chüelschrank

balança de cuina
d Chuchiwaag

torradora
dr Toaster

detergent per a plats
s Wöschmittel

forn
dr Ofä

congelador
s Gfrierfach

galleda de les escombraries
d Mülltonne

rentaplats
dr Gschirrspüeler

cuina de fogons
....
dr Härd

olla
....
dr Topf

olla de ferro colat
....
dr Iisetopf

wok / karahi
....
dr Wok / Kadai

paella
....
d Pfanne

bullidor
....
dr Wasserchocher

olla de vapor	plata de forn	vaixella
dr Dampfer	s Bachbläch	s Gschirr

tassa grossa	bol	bastonets xinesos
dr Bächer	d Schale	d Stäbli

culler	espàtula	batedor
d Suppechellä	dr Pfannewänder	dr Schneebäse

colador	sedàs	ratllador
s Sieb	s Sieb	d Raffle

morter	barbacoa	foc a terra
dr Mörser	dr Grill	d Füürstell

taula de tallar

s Schniidbrätt

corró

s Nudelholz

llevataps

dr Korkäzieher

pot de conserva

d Dosä

obridor

dr Dosäöffner

agafador

dr Topflappä

aigüera

s Wöschbecki

raspall

d Bürste

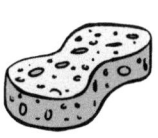

esponja

dr Schwumm

batedora

dr Mixer

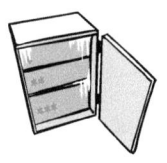

congelador

dr Gfrierschrank

biberó

s Babyfläschli

aixeta

dr Hahnä

bany

s Badzimmer

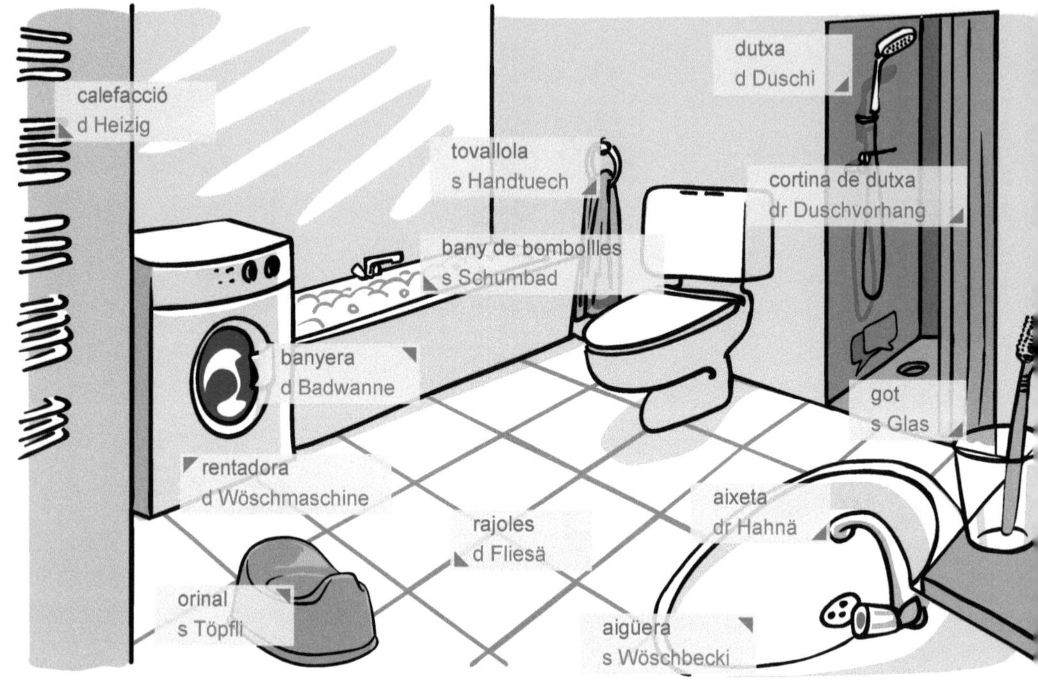

calefacció
d Heizig
dutxa
d Duschi
tovallola
s Handtuech
cortina de dutxa
dr Duschvorhang
bany de bombolles
s Schumbad
banyera
d Badwanne
got
s Glas
rentadora
d Wöschmaschine
aixeta
dr Hahnä
rajoles
d Fliesä
orinal
s Töpfli
aigüera
s Wöschbecki

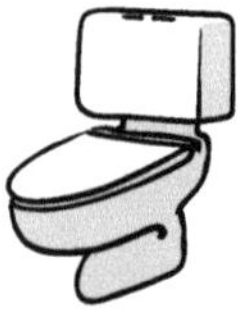

lavabo

d Toilette

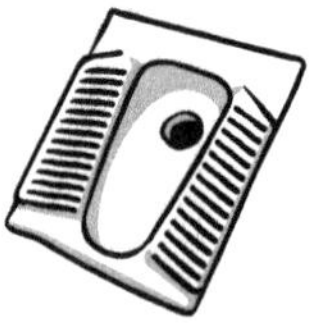

lavabo turc

s Plumpsklo

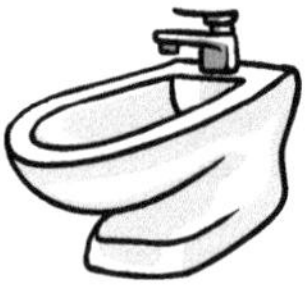

bidet

s Bidet

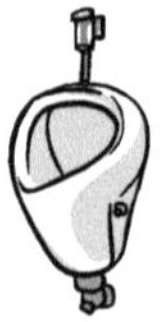

orinador

s Pissoir

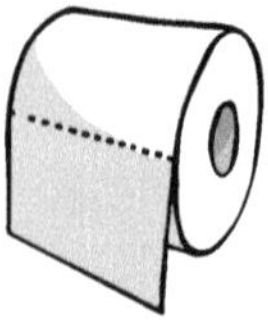

paper higiènic

ds Toilettepapier

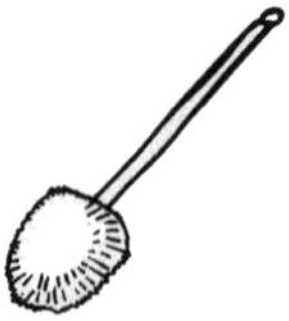

escombreta de sanitari

d Toilettebürschteli

raspall de dents

d Zahbürstä

pasta de dents

d Zahpasta

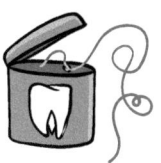

fil dental

d Zahnsiide

rentar

wäsche

pom de dutxa

d Handduschi

dutxa íntima

d Intiimduschi

rentamans

s Wöschbecki

raspall per a l'esquena

d Ruggäbürste

sabó

d Seifä

gel de dutxa

s Duschgel

xampú

s Shampoo

manyopla de bany

dr Waschlappä

bonera

dr Abfluss

crema

d Creme

desodorant

s Deo

mirall

dr Spiegel

mirall-espill de mà

dr Handspiegel

maquineta de rasar

dr Rasierer

espuma de barbejar

dr Rasierschuum

loció post-rasada

s Aftershave

pinta

dr Schträäl

raspall

d Bürstä

eixugador

dr Föhn

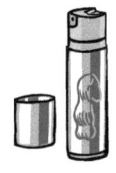

laca

s Hoorspray

maquillatge

s Makeup

pintallavis

dr Lippestift

esmalt d'ungles

dr Nagellack

cotó

d Wattä

tallaungles

d Nagelscher

perfum

s Parfum

estoig de bellesa

s Necessaire

tamboret

dr Schemel

bàscula

d Waag

barnús

dr Badmantel

guants de goma

dr Gummihändscheh

compresa higiènica

s Tampon

compresa

d Damebinde

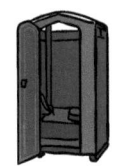

sanitari químic

d chemischi Toilette

cambra de nen

s Chinderzimmer

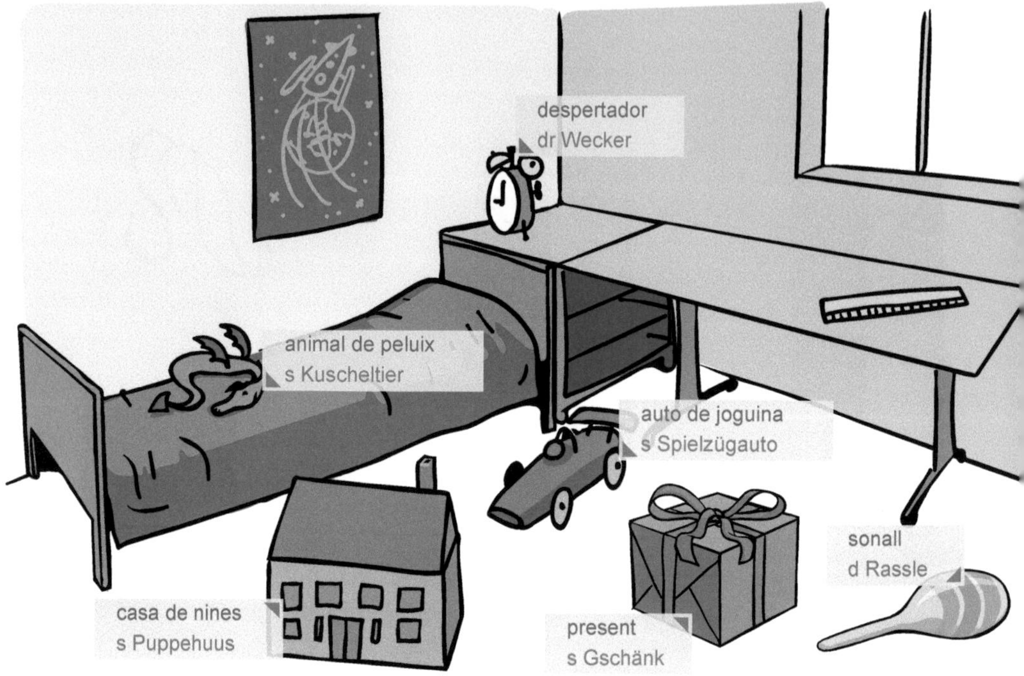
despertador
dr Wecker
animal de peluix
s Kuscheltier
auto de joguina
s Spielzügauto
sonall
d Rassle
casa de nines
s Puppehuus
present
s Gschänk

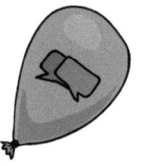

baló

dr Ballon

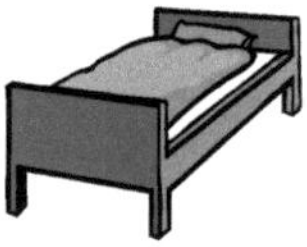

llit

s Bett

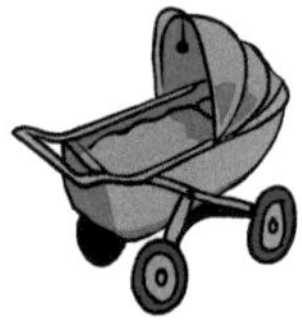

cotxet per a nens

dr Chinderwage

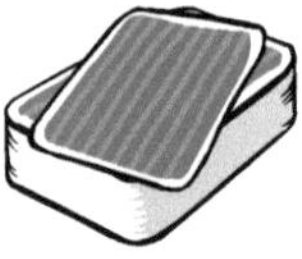

joc de cartes

s Chartespiel

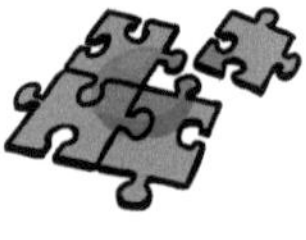

trencaclosca

s Puzzle

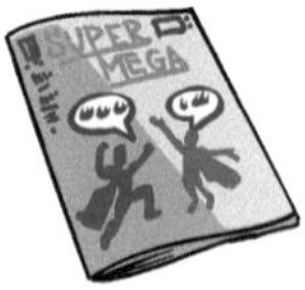
SUPER MEGA

historieta

dr Comic

peces de lego
d Legos

peces de construcció
d Baustei

ninot d'acció
d Action Figur

granota
s Strampli

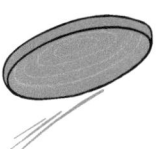

frisbee
s Frisbee

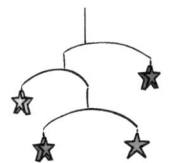

mòbil per a bressol
s Mobile

joc de taula
s Brättspiel

daus
dr Würfäl

tren elèctric
d Modellisebahn

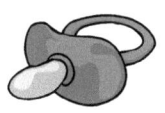

xumet
dr Nuggi

festa
d Party

llibre de dibuixos
s Bilderbuch

pilota
dr Ball

nina
d Puppä

jugar
spiele

sorrera

dr Sandchaschte

gronxador

d Gigampfi

joguines

s Spielzüg

consola de jocs de vídeo

d Videospielkonsole

tricicle

s Dreirad

osset de peluix

dr Teddy

armari

dr Chleiderschrank

roba

d Chleidig

mitjons

d Sockä

mitges

d Strümpf

mitja pantaló

d Strumpfhosä

tapacoll
dr Schal

paraigua
dr Rägeschirm

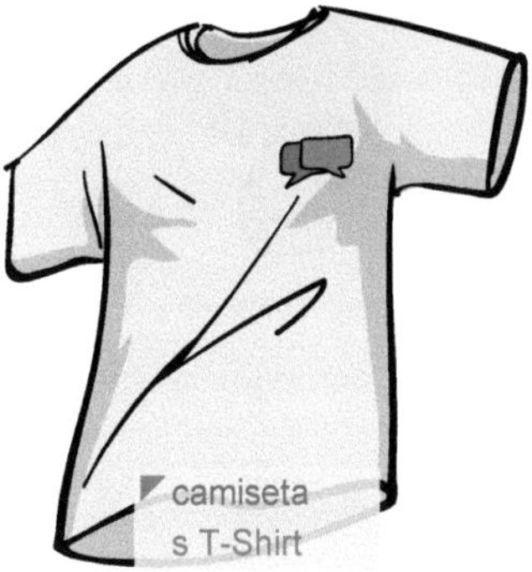

camiseta
s T-Shirt

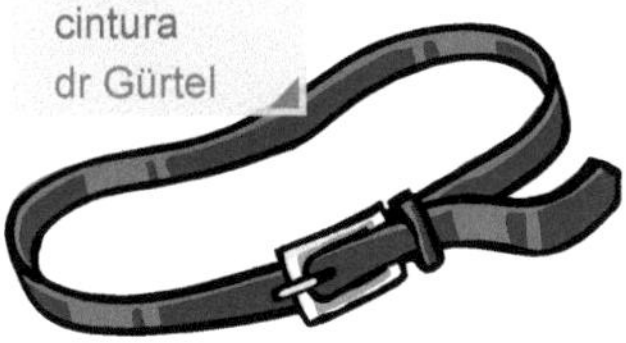

cintura
dr Gürtel

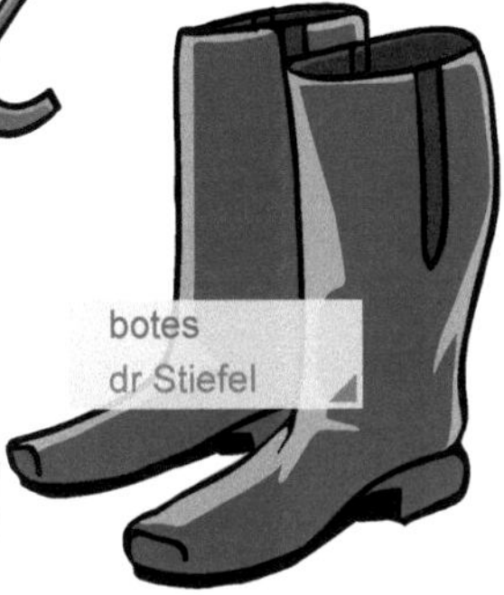

botes
dr Stiefel

plantofes
d Badschlappe

sabates d'esport
d Turnschueh

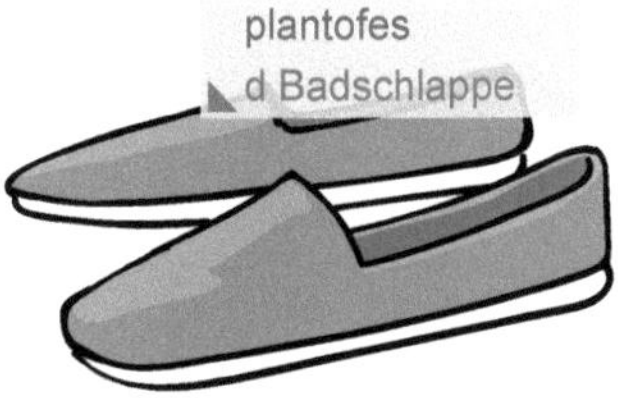

sandàlies
d Sandalä

sabates
d Schueh

botes de goma
d Gummistiefel

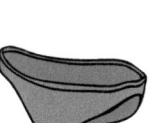

calçonets
d Untrhosä

sostenidor
dr BH

guardapits
s Underlibli

jjustacòs

dr Body

pantalons

d Hosä

jeans

d Jeans

faldeta

dr Rock

brusa

d Bluse

camisa

s Hömli

jersei

dr Pulli

dessuadora

dr Kapuzepulli

blazer

dr Blazer

jaqueta

d Jacke

mantell

dr Mantel

impermeable

dr Rägämantel

vestit de dona

s Chostüm

vestit de dona

s Chleid

vestit de núvia

s Hochziitskleid

vestit d'home

dr Ahzug

camisa de dormir

s Nachthömli

pijama

s Pyjama

sari

dr Sari

mocador de cap

s Chopftuäch

turbant

dr Turban

burca

d Burka

caftan

dr Kaftan

abaia

d Abaya

vestit de bany

s Badchleid

calçon(et)s de bany

d Badhose

pantalons curts

d churzi Hosä

xandall

dr Trainer

davantal

d Schürze

guants

d Händsche

botó

dr Chnopf

ulleres

d Brüllä

braçalet

s Armband

collaret

d Chetti

anell

dr Ring

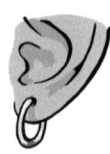

orellera

dr Ohrering

casquet

d Chappe

penjador

dr Chleiderbügel

capell

dr Huet

corbata

d Grawattä

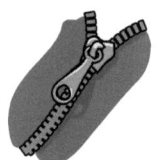

cremallera

dr Riissverschluss

casc

dr Helm

elàstics

dr Hosäträger

uniforme escolar

d Schueluniform

uniforme

d Uniform

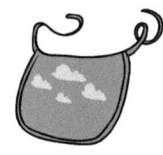

pitet

s Lätzli

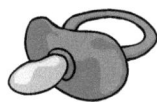

xumet

dr Nuggi

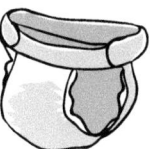

bolquer

d Windle

oficina
s Büro

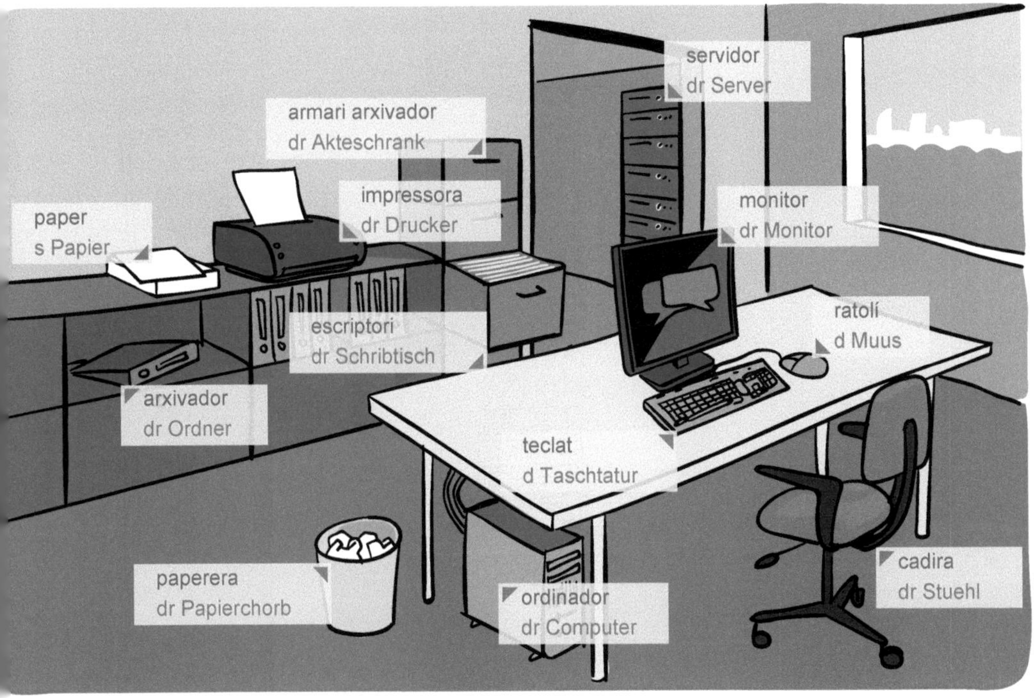
servidor
dr Server
armari arxivador
dr Akteschrank
impressora
dr Drucker
paper
s Papier
monitor
dr Monitor
ratolí
d Muus
escriptori
dr Schribtisch
arxivador
dr Ordner
teclat
d Taschtatur
cadira
dr Stuehl
paperera
dr Papierchorb
ordinador
dr Computer

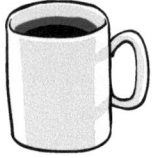

tassa de cafè

dr Kafibächer

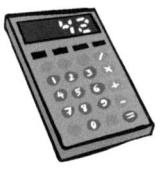

calculadora

dr Tascherächner

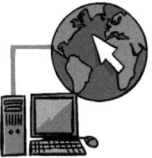

Internet

s Internet

ordinador portàtil

dr Laptop

lletra

dr Brief

missatge

d Nochricht

mòbil

s Mobiltelefon

xarxa

s Netzwärk

fotocopiadora

dr Kopierer

programari

d Software

telèfon

s Telefon

presa de corrent

d Steckdosä

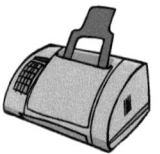

fax

s Fax

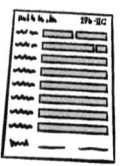

formulari

s Formular

document

s Dokumänt

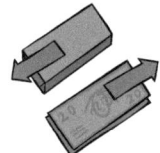

comprar

chaufe

pagar

zahle

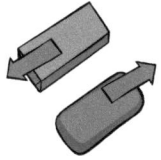

comerciar

handle

diners

s Gäld

dòlar

dr Dollar

euro

dr Euro

ien

dr Yen

ruble

dr Rubel

franc suís

dr Frankä

renminbi

dr Renminbi Yuan

rupia

d Rupie

caixa automàtica

dr Gäldautomat

oficina de canvi

d Wächselstube

or

s Gold

argent

s Silber

petroli

s Öl

energia

d Energie

preu

dr Preis

contracte

dr Vertrag

impost

d Stüür

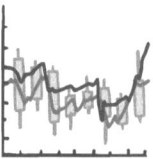

acció

d Aktie

treballar

schaffe

treballador

dr Mitarbeiter

empresari

dr Arbeitgeber

fàbrica

d Fabrik

botiga

s Gschäft

oficis
d Brüef

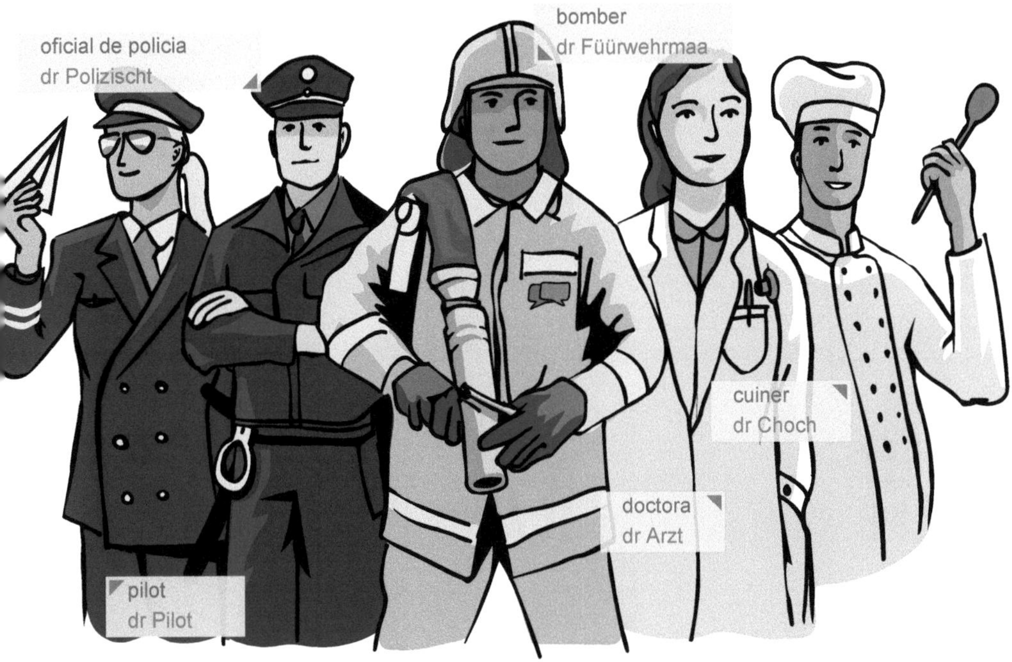
bomber
dr Füürwehrmaa
oficial de policia
dr Polizischt
cuiner
dr Choch
doctora
dr Arzt
pilot
dr Pilot

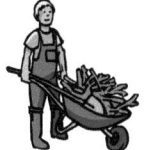

jardiner

dr Gärtner

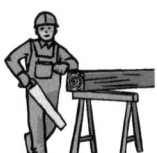

fuster

dr Zimmermah

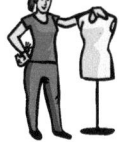

costurera

d Näheri

jutge

dr Richter

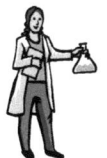

química

dr Chemiker

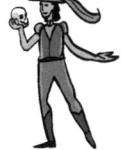

actor

dr Darsteller

conductor d'autobús

dr Busfahrer

taxista

dr Taxifahrer

pescador

dr Fischer

dona de la neteja

d Putzfrau

ensostrador

dr Dachdecker

cambrer

dr Chällner

caçador

dr Jäger

pintor

dr Moler

forner

dr Bäcker

electricista

dr Elektriker

obrer de la construcció

dr Bauarbeiter

enginyer

dr Ingenieur

carnisser

dr Schlachter

llanterner

dr Klämpner

correu

dr Pöschtler

soldat

dr Soldat

arquitecte

dr Architekt

caixera

dr Kassierer

florista

dr Florischt

perruquer

dr Frisör

revisor

dr Kontrolleur

mecànic

dr Mechaniker

capità

dr Kapitän

dentista

dr Zahnarzt

científic

dr Wüsseschaftler

rabí

dr Rabbi

imam

dr Imam

monjo

dr Mönch

capellà

dr Pfarrer

eines

d Werkzüüg

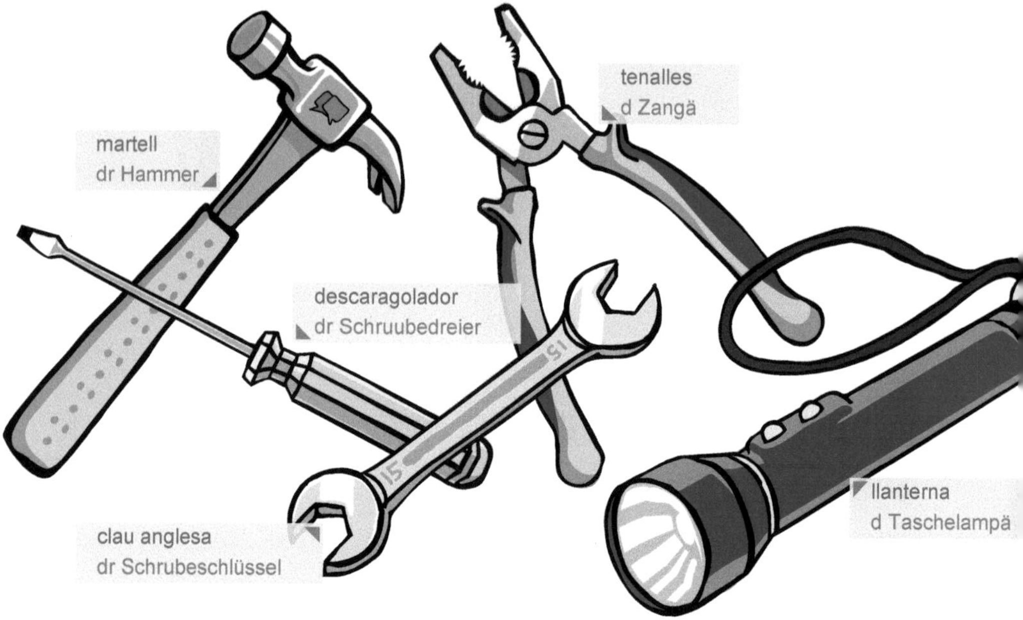

tenalles
d Zangä
martell
dr Hammer
descaragolador
dr Schruubedreier
llanterna
d Taschelampä
clau anglesa
dr Schrubeschlüssel

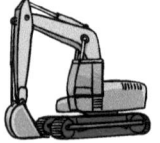

excavadora

dr Bagger

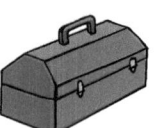

caixa d'eines

dr Werkzüügchaschte

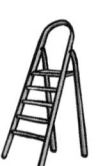

escala

d Leitere

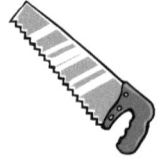

serra

d Sagi

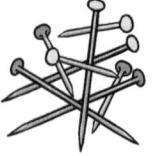

claus

d Negel

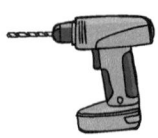

trepant

dr Bohrer

reparar
flicke

pala
d Schufle

Maleït siga!
Mischt!

pala
d Ascheschufle

pot de pintura
dr Farbchübel

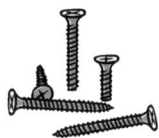

caragols
d Schruube

instrument de música
d Musiginstrumänt

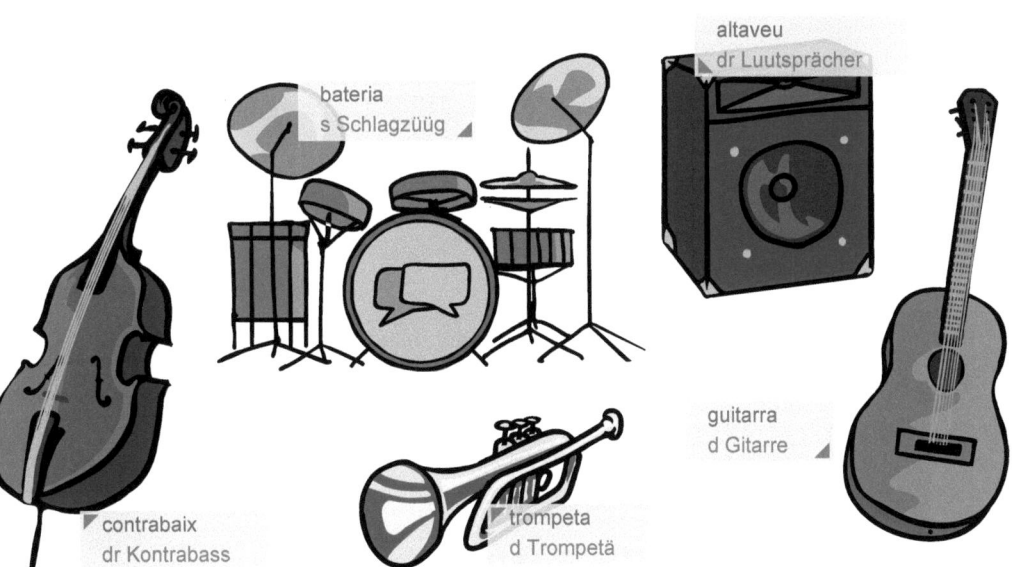

altaveu
dr Luutsprächer

bateria
s Schlagzüüg

guitarra
d Gitarre

contrabaix
dr Kontrabass

trompeta
d Trompetä

piano

s Klavier

violí

d Violine

baix

dr Bass

timbal

d Pauke

tambor

d Trummle

teclat

s Keyboard

saxofon

s Saxophon

flauta

d Flöte

micròfon

s Mikrofon

instrument de música - d Musiginstrumänt

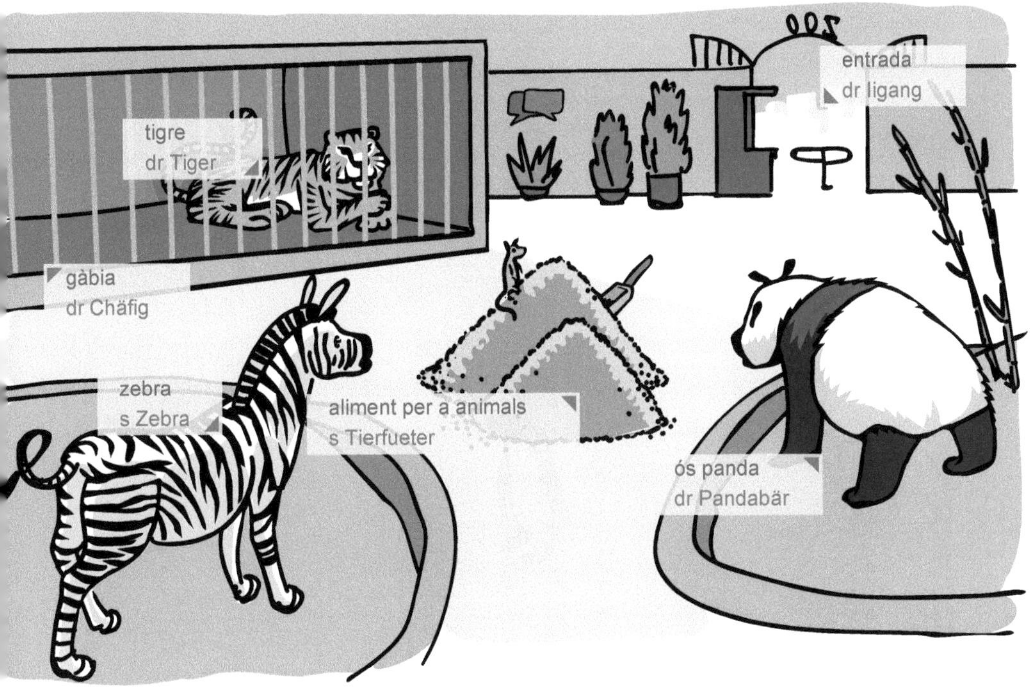

entrada
dr Igang

tigre
dr Tiger

gàbia
dr Chäfig

zebra
s Zebra

aliment per a animals
s Tierfueter

ós panda
dr Pandabär

animals

d Tier

elefant

dr Elefant

cangurú

s Känguru

rinoceront

s Nashorn

goril·la

dr Gorilla

ós

dr Bär

camell

s Kamel

estruç

dr Struss

lleó

dr Leu

simi

dr Aff

flamenc

dr Flamingo

papagai

dr Papagei

ós polar

dr Iisbär

pingüí

dr Pinguin

ca mari

dr Hai

paó

dr Pfau

serp

d Schlangä

cocodril

s Krokodil

guardià del zoo

dr Zoowärter

foca

d Robbä

jaguar

dr Jaguar

poni

s Pony

lleopard

dr Leopard

hipopòtam

s Nilpfärd

girafa

d Giraff

àliga

dr Adler

senglar

s Wildschwein

peix

dr Fisch

tortuga

d Schildkrot

morsa

s Walross

guineu

dr Fuchs

gasela

d Gazelle

futbol americà
s American Football

ciclisme
s Velofahre

tenis
s Tennis

bàsquet
dr Basketball

natació
s Schwümmä

boxa
s Boxä

hoquei sobre gel
s Iishockey

futbol americà
dr Fuessball

bàdminton
s Badminton

atletisme
d Liechtathletik

handbol
dr Handball

esquí
s Skifahre

polo
s Polo

activitats
d Aktivitäte

riure
lachä
saltar
springä
abraçar
umarme
anar
gah
cantar
singe
somiar
troime
pregar
bätte
fer un petó
küssä

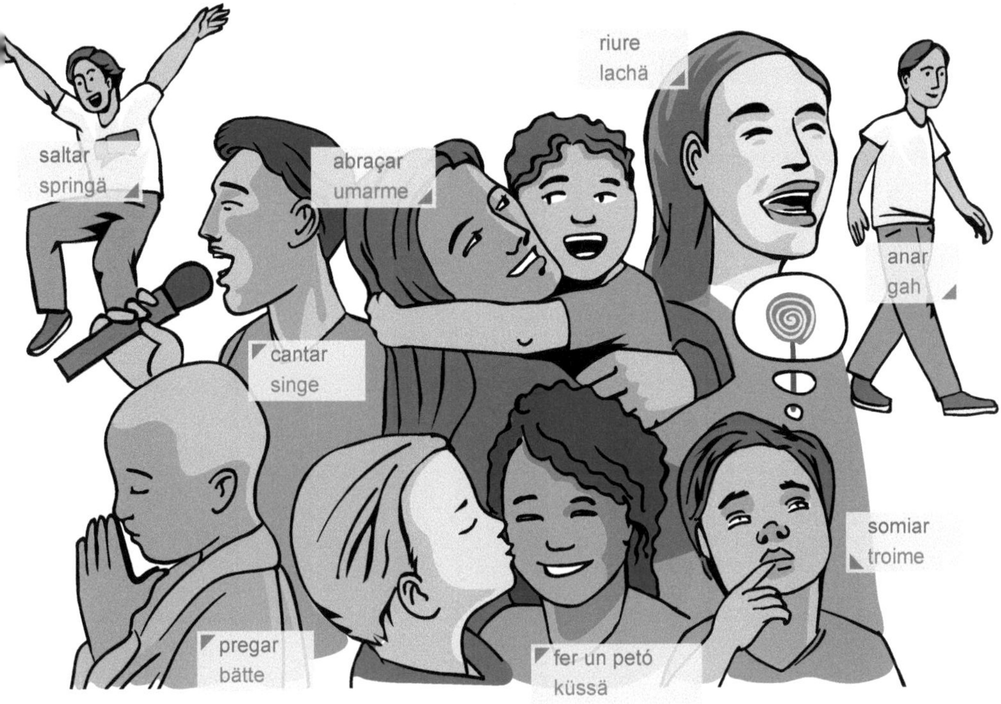

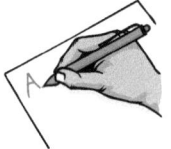

escriure
schribe

dibuixar
zeichne

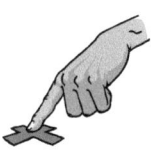

mostrar
zeige

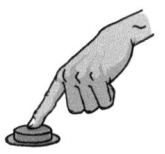

pitjar
schiebe

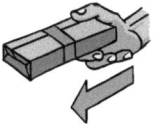

donar
gäh

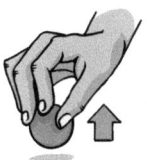

prendre
näh

tenir

händ

fer

mache

ésser

sy

estar dret

stah

córrer

laufe

estirar

zieh

llançar

rüerä

caure

fallä

jeure

ligge

esperar

warte

portar

träge

asseure's

sitze

vestir-se

ahzieh

dormir

schlafe

despertar-se

ufwache

mirar
ahluege

plorar
brüele

amoixar
striichle

pentinar
bürste

parlar
redä

comprendre
verschtah

demanar
froog

escoltar
lose

beure
trinke

menjar
ässe

endreçar
ufruume

estimar
liebe

cuinar
chochä

conduir
fahre

volar
flüge

navegar

segle

calcular

rächne

llegir

läse

aprendre

leerä

treballar

schaffe

casar-se

hürate

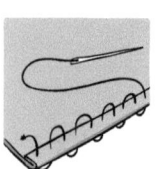

cosir

näije

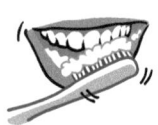

raspallar-se les dents

Zäh putze

matar

töte

fumar

schlootä

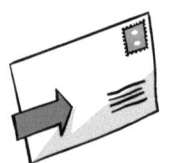

enviar

sände

família
d Familiä

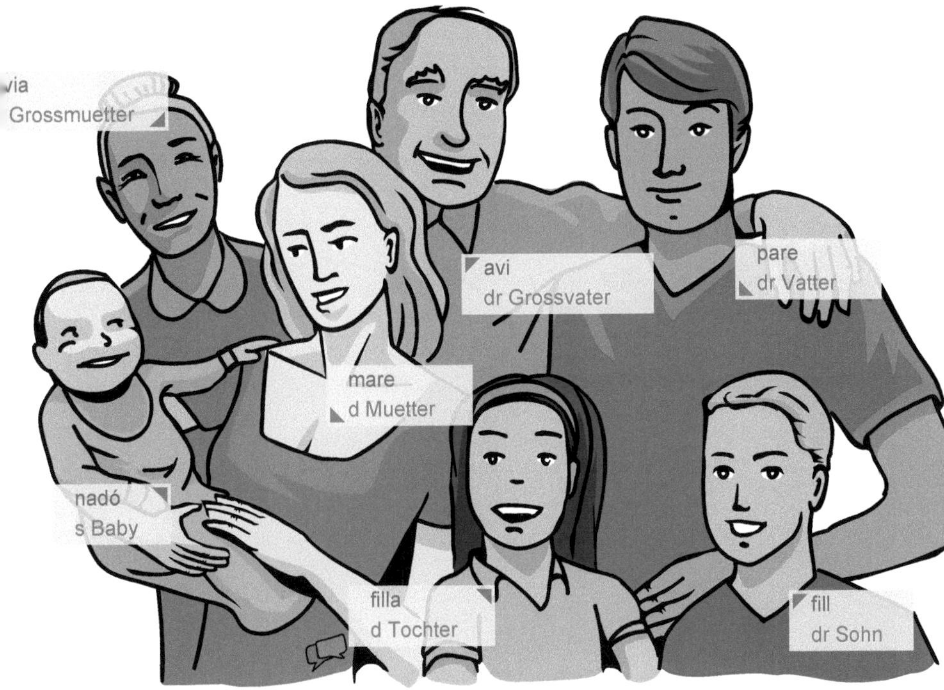

via
Grossmuetter
avi
dr Grossvater
pare
dr Vatter
mare
d Muetter
nadó
s Baby
filla
d Tochter
fill
dr Sohn

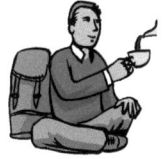

convidat
dr Gast

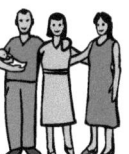

tia
d Tante

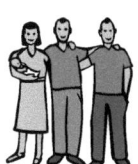

oncle
dr Unkel

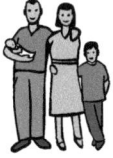

germà
dr Brüeder

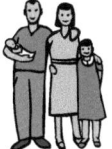

germana
d Schwöschter

cos

dr Körpär

front
d Stirn
ull
ds Aug
espatlla
d Schultere
dit
dr Fingär
cara
s Gsicht
barbeta
s Chüni
mà
d Hand
cama
s Bei
pit
d Bruscht
braç
dr Arm

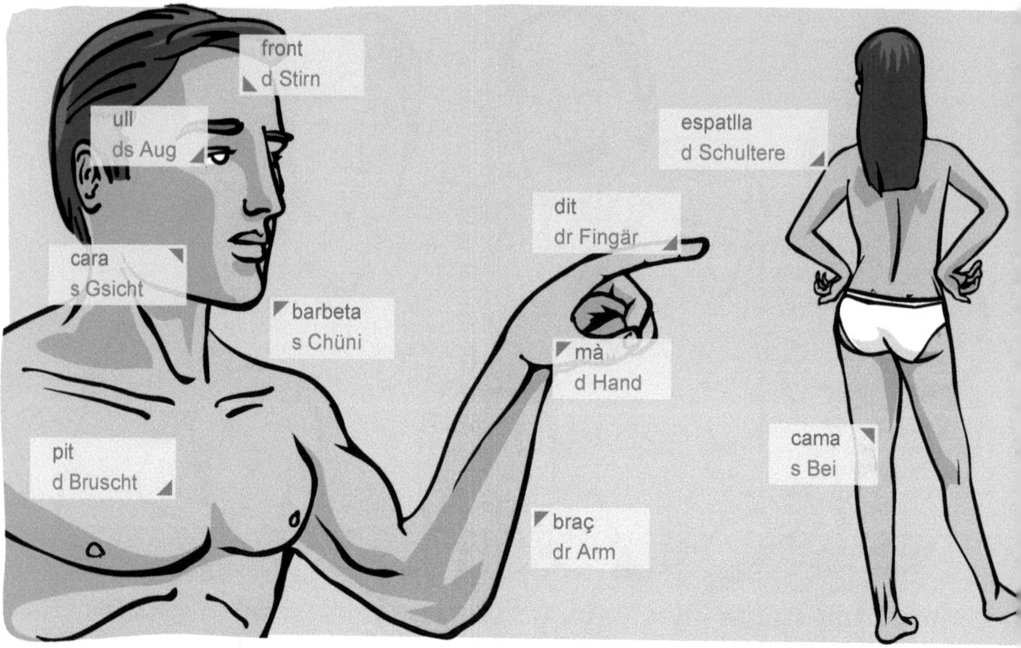

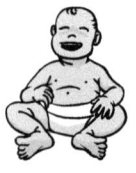

nadó

s Baby

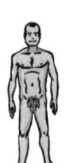

home

dr Mah

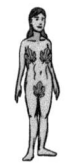

dona

d Frau

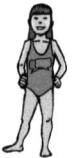

noia

s Meitli

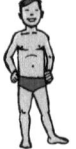

noi

dr Bueb

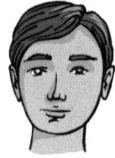

cap

dr Chopf

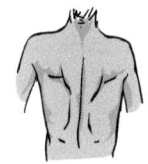

esquena

dr Ruggä

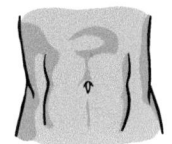

panxa

dr Buuch

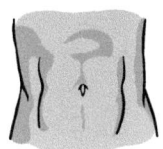

melic

dr Buchnabel

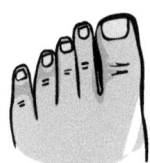

dit gros del peu

dr Zäche

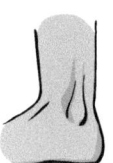

taló

d Fersä

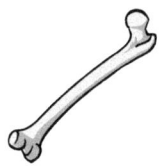

os

d Knoche

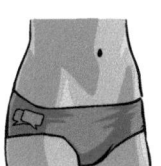

maluc

d Hüfte

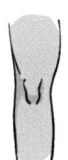

genoll

s Chnü

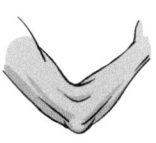

colze

dr Ellbogä

nas

d Nase

cul

s Füdli

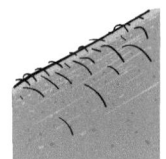

pell

d Hut

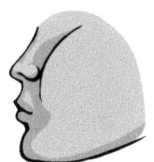

galta

d Bagge

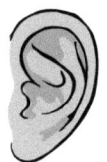

orella

s Ohr

llavi

d Lippe

boca
....
s Muul

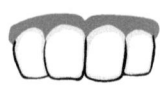

dent
....
dr Zah

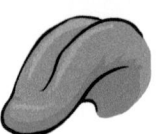

llengua
....
d Zungä

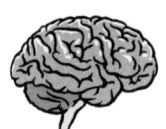

cervell
....
s Hirni

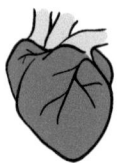

cor
....
s Härz

múscul
....
dr Muskel

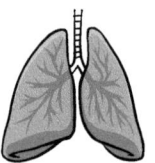

pulmó
....
d Lungä

fetge
....
d Läberä

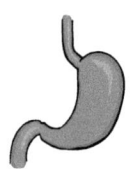

estómac
....
dr Magen

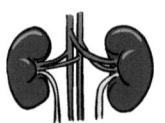

ronyó
....
d Nierä

relació sexual
....
dr Gschlächtsvrkehr

preservatiu
....
s Kondom

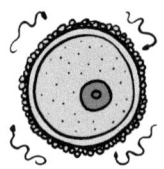

ovari
....
d Eizälle

semen
....
dr Soome

prenyat
....
d Schwangerschaft

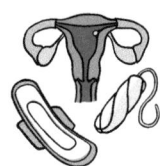

menstruació

d Menstruation

vagina

d Vagina

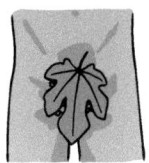

penis

dr Penis

cella

d Augebrauä

cabells

s Haar

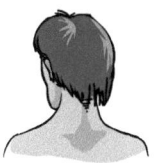

coll

dr Hals

hospital
s Spital

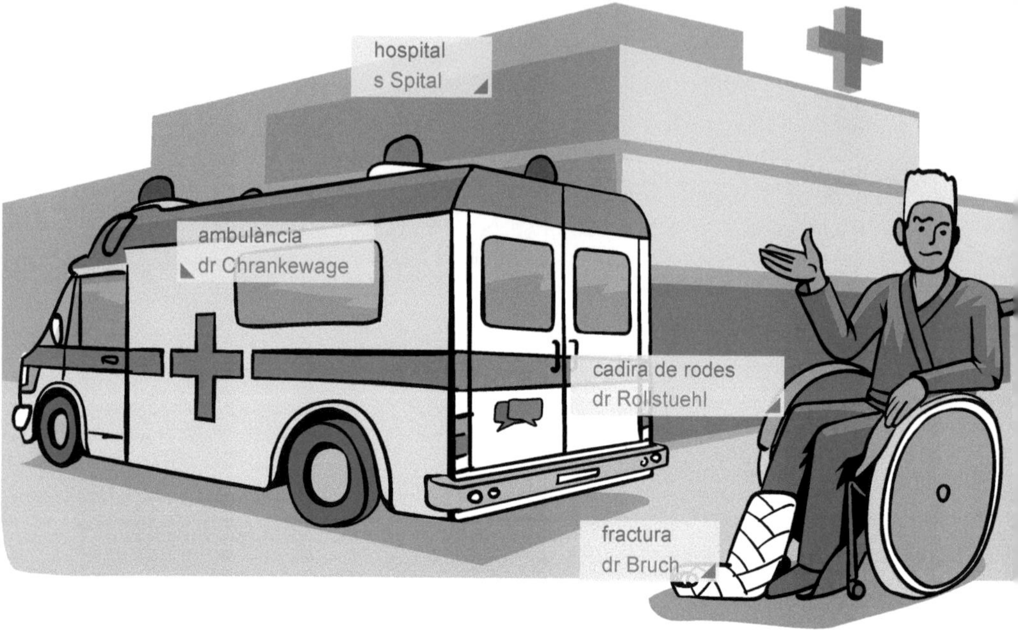

hospital
s Spital
ambulància
dr Chrankewage
cadira de rodes
dr Rollstuehl
fractura
dr Bruch

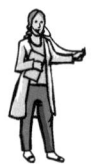

doctora
dr Arzt

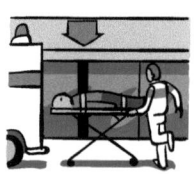

sala d'urgències
d Notufnahm

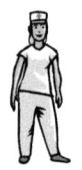

infermera
d Chrankeschwöschter

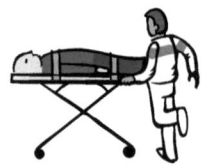

urgència
dr Notfall

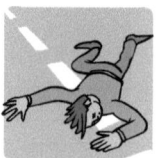

inconscient
ohnmächtig

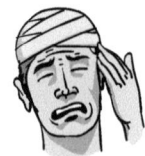

dolor
dr Schmärz

ferida

d Verletzig

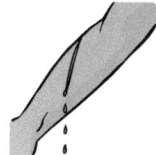

sagnament

d Bluätig

atac de cor

dr Härzinfarkt

apoplexia

dr Schlagahfall

al·lèrgia

d Allergie

tos

dr Hueschtä

febre

s Fieber

gripa

d Grippe

diarrea

dr Durchfall

mal de cap

d Kopfschmärze

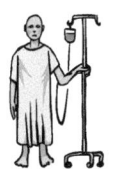

càncer

dr Kräbs

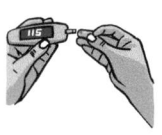

diabetis

dr Diabetes

cirurgià

dr Chirurg

escalpel

s Skalpell

operació

d Operation

tomografia computada (TC), TAC
s CT

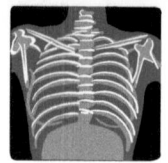

raigs x
s Röntgä

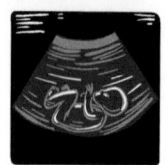

ultrasò
s Ultraschall

mascareta
d Gsichtsmaske

malaltia
d Krankhet

sala d'espera
s Wartezimmer

crossa
d Krückä

tireta
s Pflaster

embenat
dr Vrband

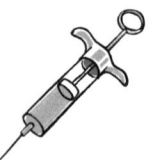

injecció
d Injektion

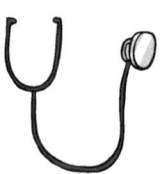

estetoscopi
s Stethoskop

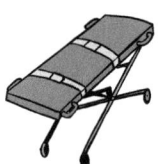

llitera
d Trage

termòmetre clínic
s Thermometer

pariment
d Geburt

sobrepès
s Übergwicht

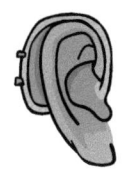

aparell auditiu

s Hörgrät

desinfectant

s Desinfektionsmittel

infecció

d Infektion

virus

s Virus

VIH / SIDA

s HIV / AIDS

medicina

d Medizin

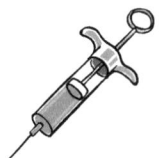

vaccí

d Impfig

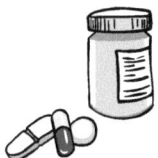

comprimits

d Tablette

píl·lola

d Pille

trucada d'urgència

dr Notruef

tensiòmetre

s Bluetdruck-Mässgrät

malalt / sà

chrank / gsund

Socors!

Hiufe!

alarma

dr Alarm

assalt

dr Überfall

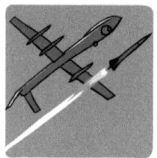

atac

dr Ahgriff

perill

d Gfohr

sortida-eixida d'urgència

dr Notuusgang

Foc!

Füür!

extintor

dr Füürlöscher

accident

dr Unfall

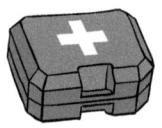

farmaciola de primers
auxilis

dr Ersti-Hilf-Koffer

SOS

SOS

policia

d Polizei

Europa

s Europa

Amèrica del Nord

s Nordamerika

Amèrica del Sud

s Südamerika

Àfrica

s Afrika

Àsia

s Asie

Austràlia

s Auschtralie

Atlàntic

dr Atlantik

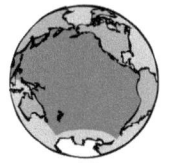

Pacífic

dr Pazifik

Oceà Índic

dr Indische Ozean

Oceà Antàrtic

dr Antarktische Ozean

Oceà Àrtic

dr Arktische Ozean

pol nord

dr Nordpol

pol sud

dr Südpol

Antàrtida

d Antarktis

terra

d Ärde

país

s Land

mar

s Meer

illa

d Inslä

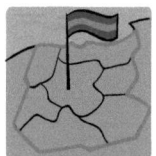

nació

d Nation

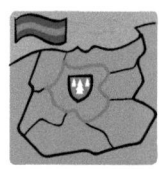

estat

dr Staat

quadrant

s Ziffereblatt

agulla de les hores

dr Stundezeiger

agulla dels minuts

dr Minutezeiger

agulla dels segons

dr Sekundezeiger

Quina hora és?

Wie spaht isch es?

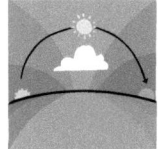

dia

dr Tag

temps

d Zit

ara

jetzt

rellotge digital

d Digitaluhr

minut

d Minute

hora

d Stunde

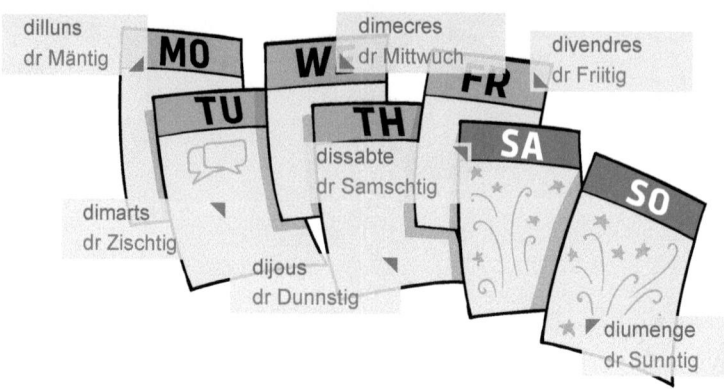

dilluns
dr Mäntig

dimecres
dr Mittwuch

divendres
dr Friitig

dissabte
dr Samschtig

dimarts
dr Zischtig

dijous
dr Dunnstig

diumenge
dr Sunntig

ahir

geschter

avui

hüt

demà

morn

matí

dr Morgä

migdia

dr Mittag

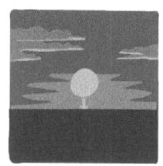

tarda

dr Aabig

MO	TU	WE	TH	FR	SA	SU
1	2	3	4	5	6	7
8	9	10	11	12	13	14
15	16	17	18	19	20	21
23	23	24	25	26	27	28
29	30	31	1	2	3	4

dia feiner

d Wärktag

MO	TU	WE	TH	FR	SA	SU
1	2	3	4	5	6	7
8	9	10	11	12	13	14
15	16	17	18	19	20	21
22	23	24	25	26	27	28
29	30	31	1	2	3	4

cap de setmana

s Wuchenänd

any
s Johr

pluja
dr Räge
arc de Sant Martí
dr Rägeboge
neu
dr Schnee
vent
dr Wind
primavera
dr Früelig
tardor
dr Herbscht
estiu
dr Summer
hivern
dr Winter

4.APRIL 11°
5.APRIL 4°
6.APRIL 13°
7.APRIL 8°
8.APRIL 10°

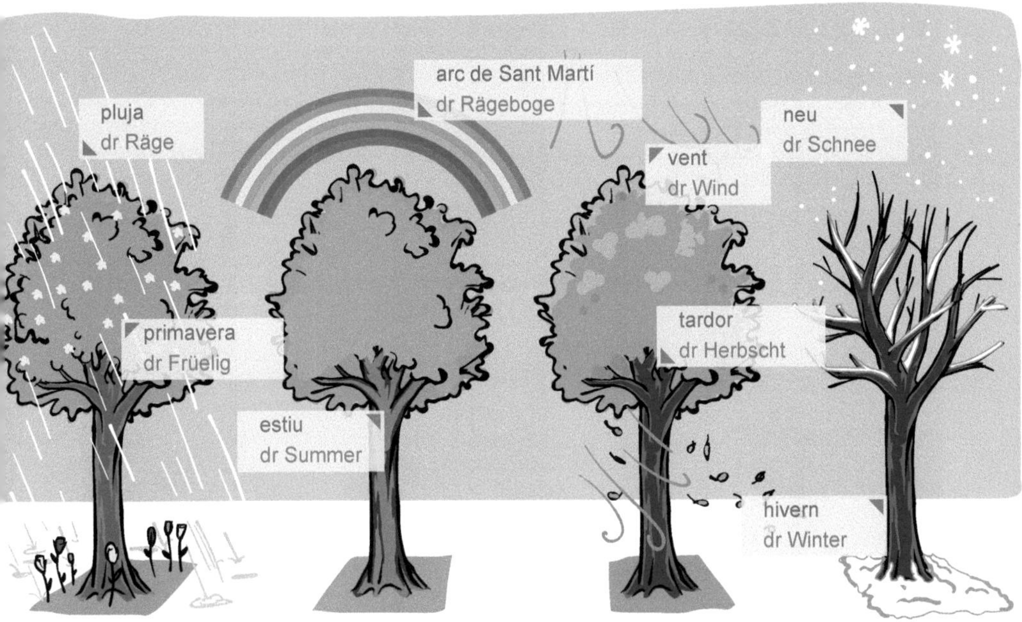

pronòstic del temps

d Wättervorhärsag

F C
120 40
90 30
60 20
30 10
0 0
-30 -10
-20

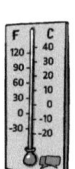

termòmetre

s Thermometer

llum del sol

dr Sunneschiin

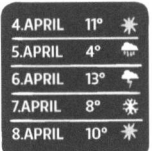

núvol

d Wolkä

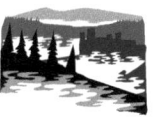

boira

d Näbel

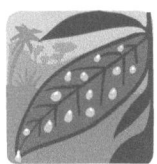

humiditat de l'aire

d Fiechtigkeit

llamp

dr Blitz

tro

dr Dunner

tempesta

dr Sturm

calamarsa

d Hagel

monsó

dr Monsun

inundació

d Fluet

gel

s Iis

gener

dr Januar

febrer

dr Februar

març

dr März

abril

dr April

maig

dr Mai

juny

dr Juni

juliol

dr Juli

agost

dr Auguscht

any - s Johr

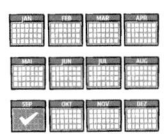

setembre
....
dr Septämber

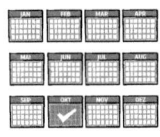

octubre
....
dr Oktober

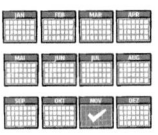

novembre
....
dr Novämber

desembre
....
dr Dezämber

formes
d Forme

cercle
....
dr Kreis

quadrat
....
s Quadrat

rectangle
....
s Rächteck

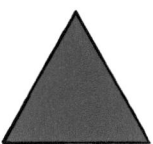

triangle
....
s Dreieck

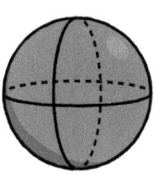

esfera
....
d Chugele

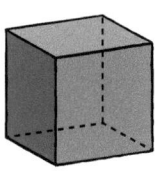

cub
....
dr Würfel

blanc

wiss

groc

gäl

taronja

orange

rosa

pink

vermell

rot

lila

liila

blau

blau

verd

grüen

marró

bruun

gris

grau

negre

schwarz

molt / poc

viel / wenig

emprenyat / tranquil

hässig / ruhig

bonic / lleig

hübsch / hässlich

començament / fi

dr Ahfang / s Ändi

gran / petit

gross / chli

clar / fosc

hell / dunkel

germà / germana

dr Brüeder / d Schwöschter

net / brut

suuber / dräckig

complet / incomplet

vollständig / unvollständig

dia / nit

dr Tag / d Nacht

mort / viu

tot / läbig

ample / estret

breit / schmal

comestible / immenjable

ässbar / nid ässbar

dolent / amable

bös / fründlich

entusiasmat / entediat

uffreggt / glangwilt

gros / prim

dick / dünn

primer / darrer

zerscht / zletscht

amic / enemic

dr Fründ / dr Find

ple / buit

voll / läär

dur / tou

hart / weich

pesant / lleuger

schwer / liecht

gana / set

dr Hunger / dr Durscht

malalt / sà

chrank / gsund

il·legal / legal

illegal / legal

intel·ligent / ximple

intelligänt / gatz

esquerra / dreta

links / rächts

prop / llunyà

nöch / wiit weg

nou / usat
....
neu / bruucht

res / quelcom
....
nüt / öpis

vell / jove
....
alt / jung

encès / apagat
....
ah / uss

obert / tancat
....
offe / zue

silenciós / sorollós
....
lislig / luut

ric / pobre
....
riich / arm

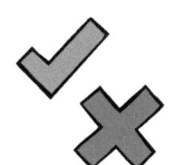

correcte / incorrecte
....
richtig / falsch

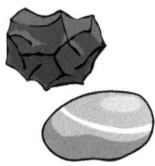

aspre / suau
....
rau / glatt

trist / content
....
truurig / glücklich

curt / llarg
....
churz / lang

lent / ràpid
....
langsam / schnäll

humit / sec - eixut
....
nass / trochä

calent / fred
....
warm / chalt

guerra / pau
....
dr Chrieg / dr Friede

0

zero

Null

1

u

eis

2

dos

zwei

3

tres

drü

4

quatre

vier

5

cinc

foif

6

sis

sächs

7

set

sibe

8

vuit

acht

9

nou

nün

10

deu

zäh

11

onze

elf

12

dotze

zwölf

13

tretze

drizäh

14

catorze

vierzäh

15

quinze

füfzäh

16

setze

sächzäh

17

disset

siebzäh

18

divuit

achtzäh

19

dinou

nünzäh

20

vint

zwänzg

100

cent

Hundert

1.000

mil

Tuusig

1.000.000

milió

Million

anglès

Änglisch

anglès americà

Amerikanischs Änglisch

xinès mandarí

Chinesisch Mandarin

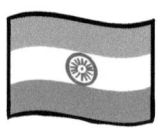

hindi

Hindi

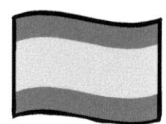

espanyol

Spanisch

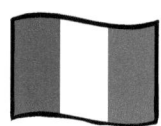

francès

Französisch

àrab

Arabisch

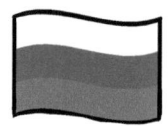

rus

Russisch

portuguès

Portugiesisch

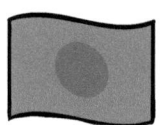

bengalí

Bengalisch

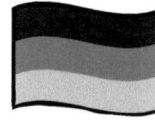

alemany

Dütsch

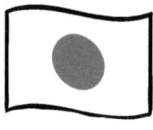

japonès

Japanisch

jo

ich

tu

du

ell / ella / allò

är / sie / es

nosaltres

mir

vosaltres

ihr

ells

sie

qui?

wär?

què?

was?

com?

wie?

on?

wo?

quan?

wänn?

HELLO, I AM

nom

Name

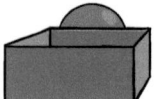

darrere
....
hinder

en
....
in

davant de
....
vor

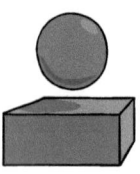

damunt
....
über

sobre
....
uf

sota
....
under

al costat
....
näbe

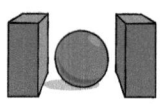

entre
....
zwüsche

lloc
....
dr Ort